독자의 1초를
아껴주는 정성을
만나보세요!

세상이 아무리 바쁘게 돌아가더라도 책까지 아무렇게나 빨리 만들 수는 없습니다.

인스턴트 식품 같은 책보다 오래 익힌 술이나 장맛이 밴 책을 만들고 싶습니다.

땀 흘리며 일하는 당신을 위해 한 권 한 권 마음을 다해 만들겠습니다.

마지막 페이지에서 만날 새로운 당신을 위해 더 나은 길을 준비하겠습니다.

 **길벗 IT 도서 열람 서비스**

도서 일부 또는 전체 콘텐츠를 확인하고 읽어볼 수 있습니다.
길벗만의 차별화된 독자 서비스를 만나보세요.

더북(TheBook) ▶ https://thebook.io

더북은 (주)도서출판 길벗에서 제공하는 IT 도서 열람 서비스입니다.

개발자가 영어도 잘해야 하나요?

Does a developer need to be good at English as well?

초판 발행 · 2024년 2월 20일
초판 2쇄 발행 · 2024년 5월 30일

지은이 · 최희철
발행인 · 이종원
발행처 · (주)도서출판 길벗
출판사 등록일 · 1990년 12월 24일
주소 · 서울시 마포구 월드컵로 10길 56(서교동)
대표 전화 · 02)332-0931 │ **팩스** · 02)322-0586
홈페이지 · www.gilbut.co.kr │ **이메일** · gilbut@gilbut.co.kr

기획 및 책임 편집 · 정지은(je7304@gilbut.co.kr) │ **디자인** · 장기춘 │ **제작** · 이준호, 손일순, 이진혁, 김우식
마케팅 · 임태호, 전선하, 차명환, 박민영, 지운집, 박성용 │ **유통혁신** · 한준희 │ **영업관리** · 김명자 │ **독자지원** · 윤정아
교정교열 · 김윤지 │ **전산편집** · 박진희 │ **출력 및 인쇄** · 북솔루션 │ **제본** · 경문제책

ISBN 979-11-407-0858-1 93000
(길벗 도서코드 080399)

정가 27,000원

독자의 1초까지 아껴주는 정성 길벗출판사

(주)도서출판 길벗 │ IT교육서, IT단행본, 경제경영, 교양, 성인어학, 자녀교육, 취미실용 www.gilbut.co.kr
길벗스쿨 │ 국어학습, 수학학습, 어린이교양, 주니어 어학학습, 학습단행본 www.gilbutschool.co.kr

페이스북 · www.facebook.com/gbitbook

개 발 자 를 위 한 실 전 IT 영 어

개발자가
영어도 잘해야 하나요?

최희철 지음

길벗

지은이의 말

미국에 정착한 지 어느덧 7년이 흘렀습니다. 그동안 우여곡절을 많이 겪었지만, 다행히 개발 일을 하며 가족과 함께 안정적인 삶을 꾸려 가고 있습니다. 그러던 중 길벗출판사에서 좋은 제안을 받아 평생의 버킷 리스트 중 하나였던 책 출판에 도전하게 되었습니다.

처음에는 개발자 영어에 사용되는 모든 표현과 필수적으로 알아야 할 내용을 체계적으로 정리하는 것이 목표였습니다. 그러나 그 목표를 이루는 것이 결코 쉽지 않음을 깨달았습니다. 그럼에도 이런 시도가 한국 개발자들이 해외로 진출하는 데 조금이나마 도움이 되길 바라며 부족한 글로 책을 채웠습니다.

미국 생활이 길어질수록 원어민처럼 영어를 구사하는 것은 사실상 불가능하다는 것을 느낍니다. 한국에서 나고 자란 교민들 사이에서는 뇌를 바꾸거나 다시 태어나지 않는 이상 영어라는 숙제는 평생 안고 살아야 한다고 말합니다. 하지만 개발자에게 영어는 일을 하는 도구일 뿐이며, 결코 완벽할 필요가 없다는 것도 깨닫고 있습니다.

이 책을 집필하며 저 역시 애매하게 알았던 것을 명확히 할 수 있었고, 그동안의 경험을 다시 정리하는 기회가 되었습니다. 처음 책을 집필하기 시작할 때는 어디서부터 시작해야 할지 막막했는데, 미국에서 겪은 경험을 토대로 '이 단어 또는 이 표현을 미리 알았더라면……' 했던 부분들을 최대한 담고자 했습니다.

독자 여러분이 이 책에서 보았던 영어 단어나 문장을 활용하여 어려운 순간을 넘길 수 있었다면, 그것만으로도 이 책을 집필한 목적은 달성된 것입니다. 아무쪼록 많은 개발자가 해외로 진출할 수 있는 동기가 되었으면 합니다. 저 역시 미국에서 더 좋은 커리어를 찾기 위해 계속 도전해 나가고 있습니다.

이 책의 출간을 도와주신 길벗출판사 정지은 에디터님을 비롯한 많은 분과 응원해 주시는 선배, 후배 개발자들께 진심으로 감사드립니다. 마지막으로 먼 고국에서 항상 걱정해 주시는 부모님과 장인, 장모님, 그리고 사랑하는 아내에게도 깊은 감사의 마음을 전합니다.

첫눈 내리는 날
매사추세츠 워터타운에서

추천사

이 책은 개발자가 글로벌 시장에서 영어 의사소통 능력을 갖출 수 있도록 도와주는 활용서라고 생각합니다. IT 분야의 기초 단어부터 소프트웨어 개발의 전 단계에 거쳐 필요한 실무 용어와 문법을 상황별로 제시합니다. 특히 요구 사항 분석부터 구현, 테스트, 배포까지 개발자와 IT 담당자가 실제 업무에서 마주하는 다양한 시나리오를 다루고 있어 좋았습니다.

더불어 이 책에서는 프런트엔드, 백엔드, 데브옵스, 인공 지능과 머신 러닝을 포함한 IT 분야별 영어 단어도 담고 있으며, 개발자의 글로벌 커리어를 준비하는 데 도움이 되는 해외 대학원 지원과 해외 취업 내용도 아우르고 있습니다. 글로벌 진출을 위한 영어 커뮤니케이션 능력을 갖추고자 하는 이들에게 필요한 책이라고 생각합니다.

유재민_엘지씨앤에스(LG CNS) 스마트물류DX, 책임

베트남, 중국, 인도에서 일하는 개발자와 협업하는 경우 영어 번역기를 사용해서 이메일을 작성하고 화상 회의를 준비합니다. 하지만 영어 번역기는 전문 용어에 취약하고, 적절한 IT 영어 용어를 찾는 데 참고할 만한 자료가 없어 고생한 경험이 있습니다. 이 책은 IT 프로젝트 실무에 필요한 용어가 체계적으로 정리되어 있으며, 소프트웨어 개발과 관련된 각종 영어 단어와 표현도 수록되어 있습니다. 해외 개발자와 협업하는 IT 종사자뿐만 아니라 이제 막 회사에 입사한 신입 개발자와 취업 준비생에게도 추천합니다.

허소라_미래에셋증권(Mirae Asset) 고유상품시스템 팀, 선임매니저

점차 경계가 허물어지는 글로벌 IT 환경에서 영어는 단순한 언어가 아니라 전 세계 개발자와 소통하는 기본적인 도구가 되었습니다. 이 책은 이런 시대적 배경에 부응하는 책으로, 저자의 경험을 바탕으로 한 실용적인 영어 표현을 담고 있습니다. 특히 소프트웨어 개발 과정 중 개발자가 접할 수 있는 다양한 상황에서 필요한 영어 표현에 초점을 맞춥니다. 이는 우리나라 개발자가 해외 개발자와 협업하는 데 도움이 될 수 있는 부분이라고 생각합니다.

이 책은 단순한 언어 학습을 넘어서 개발자로 역량을 글로벌 무대에서 발휘할 수 있도록 하는 도구가 될 것입니다. 따라서 해외 협업과 기술 문서 작성, 비즈니스 커뮤니케이션 등 IT 업계에서 필요한 영어 능력을 키우고자 하는 이들에게 추천합니다. 아울러 업무에서 사용되는 영어뿐만 아니라 커리어 개발을 위한 해외 대학 지원 방법과 해외 취업에 대한 내용도 담고 있기 때문에 진로를 고민하는 개발자에게도 유용한 책이 될 것입니다.

손범수_구글 클라우드(Google Cloud), 파트너 엔지니어

저 역시 국내에서 IT를 공부했고 프로젝트를 수행하는 데 필요한 정도의 영어 실력만으로 사회 생활을 시작했습니다. 그러나 새로운 프로그래밍 언어를 공부하고자 외국 개발자 커뮤니티에서 활동하고, 외국계 회사 프로젝트를 경험하면서 원하는 내용을 전달할 수 있는 영어 실력에 대한 필요성을 절실히 느꼈던 것 같습니다.

이 책은 일반적인 IT 용어를 정리했습니다. 특히 소프트웨어 개발의 각 단계를 구분하여 다양한 영어 단어와 표현들이 설명되어 있기 때문에 개발자뿐만 아니라 IT 분야에서 일하는 관계자에게도 유용한 책입니다. 아울러 해외 대학 지원과 해외 취업에 관련된 내용도 같이 정리되어 있기 때문에 IT 업계에서 커리어를 업그레이드하고자 하는 사람에게도 유용한 책이라고 생각합니다.

양승보_KB라이프(KB Life) 차세대추진1부, 책임

개발자가 영어도 잘해야 하나요? "네, 잘해야 합니다."라고 자신 있게 말하는 책이며, 어떻게 잘하게 되는지 가르쳐 주는 친절한 책이기도 합니다. 특히 소개해 주는 단어와 예제들이 모두 개발 관련 문장이라 실질적으로 유용한 표현이 많아서 좋습니다. 소개한 단어는 따로 뒤에 부록으로 정리해 주기도 합니다. 특히 각각의 상황을 잘 정리해 주어서 두고두고 사전처럼 참조하며 쓸 수 있는 책이라고 생각합니다.

김도협_Cincinnati Children's Hospital Medical Center

현업에서 일하다 보면 수많은 장벽에 부딪치곤 하는데, 그중 하나가 영어가 아닐까 생각합니다. 영어권 국가에서 일하지는 않지만 어떤 개발을 하든 영어로 된 개발 문서나 커뮤니티를 뒤지곤 합니다. 이 책은 적어도 개발 분야에서 영어라는 장벽을 조금이나마 낮출 수 있도록 개발자에게 필요한 알맞은 내용을 담고 있습니다. 더불어 뒷부분에서는 단순히 영어뿐만 아니라 미국에서 일할 때 필요한 자기소개서나 관련 내용을 담고 있어 관련 부분을 준비하는 사람에게 도움이 되리라고 생각합니다.

강찬석_LG전자 소프트웨어 엔지니어

개발자가 반드시 읽어야 하는 책입니다. 개발자라면 누구나 느끼는 영어를 공부해야 하는 수준을 제시해 줍니다. 당연한 일이지만 모든 기준을 개발자에 맞추어 구성했다는 것이 놀라웠습니다. 개발자에게 영어가 가지는 의미와 영어 사용법, 요구하는 수준이 통상적인 기준과는 다르다는 것을 알려 준다는 것이 매우 새롭고 유익했습니다. 은연중에 느끼고 있는 보통의 영어와 다르다는 느낌을 명확하게 정리하며 학습과 사용 방향성을 알려 줍니다. 개발자가 간지러워 했던 부분을 시원하게 긁어 주는 느낌이었습니다. 개발자로 영어 학습이 필요한 사람에게 반드시 필요한 책입니다.

문주영_웹 프런트엔드 개발자

사실 개발자는 매일 많은 시간 영어를 사용합니다. 새로운 정보를 얻기 위해 영어로 된 글과 영상을 보기도 하고, 개발할 때 이름 짓기, 주석, 커밋 메시지 작성 등에 영어를 자주 사용합니다. 하지만 영어를 쓰면서도 지금 사용하는 영어가 과연 맞을까 하는 의문을 자주 갖습니다. 한국어를 영어로 직역하려고 노력할 뿐 실제 사용하는 영어 표현을 접한 적이 많지 않기 때문입니다. 지금 외국 개발자들과 함께 일을 하고 있지만, 그들은 제가 쓰는 영어를 이해하려고 할 뿐 고쳐 주지는 않습니다. 그러다 보니 시간이 지나 다른 대화들을 보면서 '이런 상황에는 이런 단어들을 사용해야 하는구나'를 배우고는 합니다. 이 책을 통해 개발할 때 발생하는 여러 상황에서 바로 쓸 수 있는 적절한 영어 표현을 배울 수 있었습니다. 개발 진행 단계에 따라 상황을 만들고 그에 따라 문법을 설명해 주기 때문에 지루하지 않고 재미있게 볼 수 있습니다. 제가 생각하는 이 책의 가장 큰 장점은 개발 관련 영어 표현이 많고 그 문장을 한국어로 어떻게 번역하면 좋을지 알려 주는 것입니다. 영어로 말할 때도 도움이 되겠지만, 영어를 읽고 번역할 때도 많은 도움이 될 것 같습니다. 개발자들이 이 책으로 바로 사용할 수 있는 개발자의 영어를 배울 수 있을 것으로 기대합니다.

김기훈_WET

이 책의 눈에 띄는 특징은 단순히 언어 학습에만 초점을 맞추지 않고 문화적인 측면까지 고려한 점입니다. 미국의 IT 산업에 관한 배경지식이나 미국 개발자들의 생활 문화, 의사소통 방식 등을 이해하면서 영어를 학습할 수 있도록 구성되어 있습니다. 언어뿐만 아니라 해당 분야의 전반적인 이해도를 높일 수 있습니다. 또한 영어 학습에서 가장 중요한 '실전'에 대한 부분도 잘 다루고 있습니다. 실제 개발자들이 사용하는 코드, 문서, 이메일 등에서 자주 볼 수 있는 표현들을 꼼꼼하게 분석하고, 이를 바탕으로 어떻게 영어를 사용해야 하는지 구체적인 가이드를 제공합니다. 이것으로 개발자라면 누구나 실제 업무에서 바로 활용할 수 있는 영어 실력을 키울 수 있습니다. 하지만 이 책이 모든 개발자에게 완벽하게 맞는다고는 말하기 어렵습니다. 영어 초보자나 기초 단계의 학습자에게는 다소 어려울 수 있습니다. 책 내용이 고급 개발 용어와 함께 제시되기 때문에 어느 정도 영어 기초와 개발 지식이 필요합니다. 그럼에도 이 책은 개발자의 영어 실력 향상에 많은 도움이 될 것입니다. 특히 IT 분야에서 글로벌하게 활동하고 싶은 개발자, 미국의 IT 회사에 입사를 목표로 하는 개발자에게는 꼭 필요한 책이라고 생각합니다. 이 책으로 개발자로서 전문성을 높이는 동시에, 글로벌 시장에서 더 넓게 활동하고자 하는 개발자들의 꿈을 지원해 줄 수 있을 것입니다.

박민건_FE 개발자 겸 Kennesaw State University 석 · 박사 과정

개발자 영어 실력 향상의 최적 해법, 바로 이 책입니다. 이 책은 영어 실력 향상이 커리어 개발에 미치는 중요성부터 시작해서 기초적인 개발자를 위한 영어 지식, 실무에서 활용 가능한 소프트웨어 개발 단계/분야별 실무 영어, 비즈니스 및 미국 유학을 위한 영어까지 다양한 주제를 다룹니다. 각 섹션에서는 세밀한 가이드라인과 함께 필요한 어휘와 구체적인 예문을 제공합니다. 더불어 모든 섹션에서 간략한 문법 설명을 제공함으로써 별도의 참고서 없이도 효과적인 영어 공부가 가능합니다. 특히 이 책의 차별점은 우리말로는 뜻이 같은 문장이라도 뉘앙스가 다르다는 점을 설명해 주어 표현을 조금 더 적절하게 활용할 수 있도록 돕는다는 것입니다. 예문은 실용적이어서 실제 상황에서 자연스럽고 유창한 영어 표현을 익힐수 있어 오랫동안 소장하고 계속 참고할 만한 가치가 있는 책이라고 생각합니다.

김주원_한국외국어대학교 컴퓨터전자시스템 공학부

목차

0

개발자가
영어도
잘해야 하나?

개발 실력만큼 중요한 영어

일반적인 영어와 IT 개발 영어의 차이

개발자 영어, 어느 정도까지 해야 할까?

이 책의 구성 및 학습 전략

개발자에게 영어는 필수입니다. 프로그래밍 언어가 영어로 되어 있을 뿐만 아니라 새로 나오는 기술이나 오픈 소스 정보가 대부분 영어로 작성되어 있기 때문이죠. 따라서 개발자가 되려면 기본적인 영어 실력을 갖추고 있어야 합니다. 그렇다면 개발자는 영어 실력이 어느 정도 필요할까요? 토익 같은 시험 영어를 공부한 정도면 충분할까요?

0.1 개발 실력만큼 중요한 영어

저는 한국에서 대학교를 졸업한 후 독학으로 개발 공부를 시작했습니다. 대학교 입학 전부터 소프트웨어 개발에 관심이 있었지만, 수능 점수에 맞추어서 선택한 전공 때문에 많은 시간을 허비했던 것이죠. 그래도 프로그래밍을 공부한 덕분에 국내 IT 대기업에 입사할 수 있었고, 그때부터 본격적으로 개발자 커리어를 시작할 수 있었습니다.

그렇게 개발자로 첫걸음을 시작할 당시 제 영어 실력은 회사 입사 조건인 토익 700점을 겨우 넘긴 수준이었습니다. 한국에서 초 · 중 · 고등학교와 대학교를 나왔고, 살면서 딱히 영어를 써야 하는 상황도 거의 없었기 때문이죠. 회사에서 주위에 있는 선배와 동료들을 보니 대부분 저와 비슷한 상황이었습니다. 그중에는 아예 영어 공부에서 손을 뗀 사람도 있었고, 꾸준히 전화 영어를 하거나 퇴근 후 영어 학원에 다니는 사람도 있었습니다.

저 역시 신입 사원 때부터 영어가 중요하다고 생각해서 짬짬이 영어 공부를 했지만, 바쁜 일정과 야근에 치여 잠깐 하다가 그만두기 일쑤였습니다. 그래도 아예 영어 공부를 손에서 놓지는 않았고, 꾸준히 해 온 결과 지금은 미국에서 프리랜서 개발자로 일할 수 있는 기회를 잡았습니다.

제가 개발자 커리어를 시작하고 13년 동안 만났던 동료 중에는 영어 공부에 꾸준히 투자하여 구글, MS, 오라클 등 글로벌 기업으로 이직하거나 해외에서 일할 수 있는 기회를 얻어 높은 연봉을 받는 사람도 있습니다. 반면 영어 공부를 소홀히 했던 동료들은 여전히 비슷한 근무 환경에서 근속 연수에 비례한 연봉 수준에 머물러 있는 경우가 많습니다.

0.1.1 | 미국 개발자와 국내 개발자 연봉 차이

스택 오버플로Stack Overflow에서는 매년 수만 명이 참여하는 개발자 설문 조사를 합니다. 이 설문 조사에서는 최신 개발 트렌드와 IT 직무별 연봉 랭킹 등을 발표하는데요. 이것에서 미국을 비롯한 글로벌 개발자의 평균 연봉 수준을 살펴볼 수 있습니다.

▼ 그림 0-1 스택 오버플로 2023년 미국 IT 직무별 평균 연소득

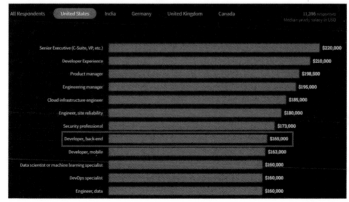

그림 0-1을 보면 백엔드 개발자를 기준으로 미국 개발자의 평균 연봉은 $165,000입니다. 2023년 평균 환율을 고려하면 약 2억 1,000만 원 정도이죠. 경력이 쌓인 시니어 개발자의 평균 연봉은 $210,000로, 원화로 환산했을 때 약 2억 7,000만 원 정도됩니다.

국내 개발자의 평균 연봉은 구직 플랫폼 업체 및 한국소프트웨어산업협회KOSA에서 발표하는 자료에서 찾아볼 수 있습니다. 이에 따르면 IT 전체 산업 종사자 평균 연봉은 약 7,500만 원 정도입니다. 아울러 매년 발표되는 프로그래머스 설문 자료에 따르면 2023년 백엔드 개발자의 평균 연봉은 약 4,800만 원 정도로 나옵니다. 연봉 순위가 가장 높은 데이터 엔지니어와 데브옵스 개발자 평균 연봉을 보더라도 평균 약 6,000만 원 정도에 머물러 있습니다.

이런 평균 연봉 조사 결과는 대략적인 연봉 수준을 조사한 것이고, 실제 개인별로 연봉 차이가 크기 때문에 백 퍼센트 정확하지는 않습니다. 다만 전반적인 미국 IT 개발자와 국내 IT 개발자의 평균 연봉 수준과 그 차이를 살펴볼 수 있는데요. 결론적으로 미국 개발자와 국내 개발자의 평균 연봉 수준은 대략 2~4배 정도 차이가 나는 것을 볼 수 있습니다.

0.1.2 | 영어: 개발자 커리어 성장의 기회

물론 영어를 반드시 잘해야만 연봉을 많이 받는 개발자가 되는 것은 아닙니다. 개발자에게 가장 중요한 것은 영어보다 개발 실력이기 때문이죠. 문제를 정의하고, 프로그램을 설계하고, 클린 코드를 작성하고, 적절한 테스트와 리팩터링 등을 수행할 수 있는 능력이 개발자에게 우선적으로 요구되는 능력입니다.

그럼에도 개발 실력이 뛰어난 개발자가 영어라는 장벽에 막혀 더 많은 연봉과 더 좋은 근무 환경에서 일할 수 있는 기회를 놓치는 경우가 많습니다. 저도 영어 실력이 준비되지 않아 여러 번 이직할 수 있는 기회를 놓친 적이 있었습니다.

한 번은 외국계 회사로 이직할 기회가 생겨 면접을 본 적이 있었는데요. 당시에는 그동안 쌓은 경력만 믿고 별다른 준비 없이 면접에 임한 상태였습니다. 그런데 면접관이 미국 실리콘밸리에 있는 개발자와 협업이 필요하기 때문에 코드를 영어로 설명할 수 있어야 한다고 했습니다. 결국 그 자리에서 저는 아주 간단한 조건문과 반복문도 영어로 설명하지 못해 더 많은 연봉을 받고 이직할 수 있는 기회를 놓치고 말았습니다.

이처럼 평소 영어 실력이 준비되지 않으면 기회가 와도 잡지 못할 수 있습니다. 특히나 영어는 단기간에 실력을 끌어올리기 어렵기 때문에 꾸준한 준비가 필요하죠. 앞서 언급했듯이 영어를 못해도 개발 실력이 출중하면 개발자로 성공할 수 있습니다. 그러기 위해서는 국내에서 손에 꼽히는 개발 실력과 경력을 갖추어야 합니다. 하지만 영어가 된다면 어느 정도의 개발 실력만 있어도 해외 취업이나 해외 프로젝트로 더 많은 성공의 기회를 잡을 수 있습니다.

특히 팬데믹 이후 원격 근무가 활성화되고 점차 글로벌화되고 있는 IT 업계에서 영어 실력은 개발자 커리어를 높일 수 있는 중요한 열쇠라고 할 수 있습니다. 즉, 영어로 해외 개발자와 협업할 수만 있다면 굳이 해외로 이주하지 않고도 국내에서 받는 연봉보다 적게는 2배에서 많게는 4배까지도 높일 수 있는 것입니다.

0.1.3 | 더 좋은 개발자가 되기 위한 도구

앞서 너무 연봉에만 치중해서 이야기했지만, 사실 개발자에게 영어는 단순히 이직이나 해외 취업으로 연봉을 높일 수 있는 수단만은 아닙니다. 개발자의 영어 실력은 실제 프로젝트에서 개발 생산성을 향상시키는 도구이기도 합니다. 즉, 개발자가 영어 실력을 쌓으면 기술 문서를 빠르게 이해할 수 있을 뿐만 아니라 시스템에 버그가 발생하더라도 적절한 해결 방법을 효율적으로 찾을 수 있습니다.

아울러 개발자의 영어 실력은 급변하는 IT 업계에서 최신 개발 트렌드를 빠르게 따라갈 수 있게 도와줍니다. IT 업계의 최신 트렌드나 기술은 대부분 영어로 작성된 블로그나 논문 등으로 알려지기 때문인데요. 이런 내용을 빠르게 파악할 수 있는 개발자는 다른 개발자보다 한발 먼저 움직일 수 있는 기회를 잡을 수 있는 것이죠.

0.2 일반적인 영어와 IT 개발 영어의 차이

개발자에게 영어가 중요한 능력이라는 것은 이제 많은 사람이 알고 있습니다. 그렇다면 영어 공부는 어떻게 시작해야 할까요?

개발자에게 필요한 영어는 일반적인 영어와는 다르기 때문에 〈프렌즈〉 같은 미국 드라마를 보면서 공부하는 것은 비효율적입니다. 즉, 개발자 영어 공부는 우선 IT 업계에서 자주 사용하는 단어와 영어 표현을 익힌 후 일반적인 영어 실력을 점차 키워 가는 방식이 효율적입니다. 그리고 본격적으로 개발자 영어 공부를 시작하기 전에 먼저 일반적인 영어와 IT 개발 영어의 차이를 이해하고 있어야 합니다. 이와 관련해서 일반적인 영어와 IT 개발 영어 간 어휘와 용어의 차이, 문법과 문장 구조의 차이, 커뮤니케이션 스타일의 차이를 살펴보도록 하죠.

0.2.1 | 어휘와 용어의 차이

일상에서 쓰는 영어 단어가 IT 개발 영어에서는 다르게 사용되는 경우가 있습니다. 예를 들어 escape 같은 단어를 들 수 있는데요. 일반적인 영어에서 escape는 어떤 물리적 상황이나 관념적 상태를 벗어나는 것을 의미합니다. "He managed to escape from the burning building."이라는 문장에서 escape는 불타고 있는 건물에서 벗어나는 것을 의미하죠. 또는 "I need to escape the stress of city life."라는 문장에서는 도시 생활의 스트레스에서 벗어나고 싶다는 의미로 사용됩니다.

반면 IT 개발 영어에서 escape는 특정한 기호나 문자를 그대로 해석하지 않고 다른 의미로 처리하는 것을 나타냅니다. 예를 들어 프로그래밍에서 역슬래시(\)를 사용하여 Wn을 줄바꿈으로 처리하는 것을 들 수 있습니다. IT 개발 영어에서는 escape를 다음 예문처럼 사용합니다.

- The SQL query failed because the developer didn't **escape** the apostrophes.

  개발자가 작은따옴표를 **이스케이프 처리**하지 않아서 SQL 쿼리가 실패했습니다.

- We need to **escape** the special characters in the URL to ensure that it is processed correctly.

  URL이 올바르게 처리되도록 하려면 URL 안의 특수 문자를 **이스케이프 처리**해야 합니다.

- When generating the HTML output, make sure to **escape** any user input to prevent cross-site scripting attacks.

  HTML 출력을 생성할 때 cross-site scripting 공격을 방지하려면 사용자 입력을 **이스케이프 처리**해야 합니다.

다른 예를 한 가지 더 살펴보겠습니다. 일반적인 영어에서 invoke는 '주장하다', '호소하다' 등의 뜻입니다. 법이나 권리 등을 주장하거나 어떤 감정 등에 호소하는 상황에 주로 사용되죠. 예를 들어 "She invoked her right to remain silent during the interrogation."이라는 문장에서 invoke는 심문 중에 침묵할 권리를 주장한다는 의미로 쓰입니다.

반면 IT 개발 영어에서 invoke는 프로그램이나 함수를 호출하는 의미로 사용됩니다. 다음 예문을 살펴보죠.

- You can **invoke** the function by calling it with the appropriate parameters.

  적절한 매개변수를 사용하여 해당 함수를 **호출할 수** 있습니다.

- The event handler will be **invoked** whenever the button is clicked.

  버튼을 클릭할 때마다 이벤트 핸들러가 **호출됩니다.**

- The callback function is **invoked** once the asynchronous operation is complete.

  비동기 작업이 완료되면 콜백 함수가 **호출됩니다.**

참고로 IT 개발 영어에서는 어떤 프로그램이나 함수를 호출할 때 call 이라는 단어를 자주 사용합니다. 다만 call은 직접적인 호출을 의미할 때 주로 사용하며, 간접적인 호출을 의미할 때는 invoke를 주로 사용한다는 점을 알아 두길 바랍니다.

이외에도 일상적인 영어에서는 자주 사용하지 않지만, IT 개발 영어에서 자주 사용하는 어휘나 용어도 있습니다. 예를 들어 Authentication (인증), Encryption(암호화), Responsive Design(반응형 디자인) 같은 용어는 토익 시험이나 영어 학원에서 배울 일이 거의 없기 때문에 따로 정리해 두어야 합니다. 또한 IT 업계에서 자주 사용하는 RFC_{Request For} Comments, LGTM_{Looks Good To Me} 같은 축약어_{Abbreviation}도 미리 알아 두어야 원활하게 커뮤니케이션을 할 수 있습니다.

0.2.2 | 문법 및 커뮤니케이션 스타일의 차이

일반적인 영어와 IT 개발 영어는 문법과 커뮤니케이션 스타일에서도 다릅니다. 먼저 문법적인 측면에서는 주석이나 깃_{Git} 커밋 메시지를 작성할 때 차이가 나타나는데요. 예를 들어 일반적인 영어 표현과 달리 깃 커밋 메시지를 작성할 때는 다음 예문처럼 동사를 먼저 쓰고 불필요한 관사나 수사 어구를 생략하는 형태로 문장이 구성됩니다.

- **일반적인 영어 표현** I've made some changes to add the login feature.
  → **깃 커밋 메시지** Add login feature
- **일반적인 영어 표현** I have modified the styles for better readability.
  → **깃 커밋 메시지** Refactor styles for readability

커뮤니케이션 스타일 측면에서도 일반적인 영어와 IT 개발 영어 간에 차이를 살펴볼 수 있습니다. 예를 들어 일반적인 영어에서는 Would you mind if~?, Could you please~?처럼 대화 상대방을 존중하고 상호 간의 감정을 고려하는 표현을 사용합니다. 문장이 길어지더라도 될 수 있으면 공손한 어투를 사용하고 단도직입적인 표현은 자제하는 것이 일반적입니다.

반면 개발자 영어에서는 이런 세심함보다는 명확성과 효율성을 우선하는 경향이 있습니다. 깃 커밋 메시지처럼 직접적인 명령문을 사용하기도 하고, 기술적인 내용을 논의할 때는 핵심적인 정보 전달에 집중하는 경우가 많은데요. 이런 커뮤니케이션 스타일은 코드 리뷰나 버그 리포트, 테크니컬 문서 작성에도 유사하게 적용됩니다.

0.3 개발자 영어, 어느 정도까지 해야 할까?

앞서 살펴본 바와 같이 일반적인 영어와 IT 개발 영어는 어휘와 문법, 커뮤니케이션 스타일 측면에서 차이가 있기 때문에 공부하는 방법도 달라야 합니다. 특히 개발자에게 영어는 그 자체로서 목표가 아니며 일종의 도구라는 점을 상기해야 합니다. 즉, 영어 공부를 시작하기 전에 개발자로서 왜 영어 공부를 해야 하는지 목표를 분명히 해야 합니다.

개발자로서 영어를 공부하는 이유와 목표에 따라 어느 정도까지 영어 실력을 갖추어야 하는지가 달라집니다. 일반적으로 개발자가 영어를 공부하는 이유로는 개발 역량 향상, 오픈 소스 커뮤니티 참여, 해외 개발자 취업 정도로 구분해 볼 수 있습니다. 이런 각각의 목표에 따라 요구되는 영어 수준에는 큰 차이가 있습니다.

0.3.1 | 개발 실력 향상을 위한 영어

최신 프로그래밍 언어나 기술 스택을 학습하기 위해 대개 개발자에게는 영어 읽기 능력이 중요합니다. 튜토리얼이나 API 문서가 대부분 영어로 되어 있고 대체로 내용이 방대하기 때문에 영어를 속독하는 능력이 필요합니다.

물론 한국어로 번역된 콘텐츠로도 충분히 학습할 수 있지만, 번역에만 의존하면 제대로 된 한국어 번역서가 나오기까지 다른 개발자에 비해 속도가 뒤처질 수밖에 없습니다. 게다가 자칫 잘못된 번역으로 기술을 제대로 프로젝트에 적용하지 못할 수도 있으며, 다른 사람이 정리한 내용에만 의존하게 되어 수동적인 학습 태도를 갖게 될 가능성이 큽니다.

따라서 최신 기술을 익히고 빠르게 적용하려고 개발자 영어를 공부한다면 영어 읽기 능력에 초점을 맞추어야 합니다. IT 기술 문서에 자주 나오는 용어와 구문을 우선으로 익히고, 영어로 된 기술 블로그와 각종 문서를 읽는 것을 시작으로 점차 영어 속독 능력을 향상시켜야 합니다.

이렇게 영어 읽기 능력이 뒷받침되면 최신 기술을 쉽게 습득할 수 있을 뿐만 아니라, 버그나 이슈가 발생했을 때 로그log를 효과적으로 분석하고 개발자 커뮤니티 등을 활용하여 빠르게 해결 방법을 찾을 수 있습니다.

0.3.2 | 오픈 소스 커뮤니티 참여를 위한 영어

오픈 소스 커뮤니티나 프로젝트에 참여하려면 기술적인 영어 읽기 능력 외에도 영어를 이용한 비동기 커뮤니케이션 능력이 필요합니다. 즉, 인터넷에서 자신의 아이디어를 영어로 표현하고, 다른 참여자와 이메일이나 메신저로 협업하며, 기존 코드나 문서 피드백을 영어로 제공할 수 있는 능력이 있어야 합니다.

이렇게 다른 개발자와 아이디어를 공유하고 협업하는 과정에서는 영어 읽기와 영어 쓰기 능력이 모두 요구됩니다. 또한 인터넷에서 개발자 간 커뮤니케이션에서 자주 나오는 표현과 축약어에도 익숙해져야 합니다.

0.3.3 | 해외 개발자 취업을 위한 영어

마지막으로 해외 개발자 취업을 목표로 한다면 영어를 읽고 쓰는 것뿐만 아니라 듣고 말하는 영어 리스닝Listening과 스피킹Speaking 능력이 더욱 중요합니다. 어찌 보면 글로벌 수준의 커리어를 만드는 것이 개발자가 영어를 공부하는 궁극적인 목표이기 때문에 가장 난이도가 높습니다. 따라서 이론적인 학습 외에 모의 면접과 같은 실전과 비슷한 상황을 연습하면서 충분한 기간을 두고 실력을 키워 가야 합니다.

또한 해외 개발자 취업에 성공했더라도 이후 각종 회의와 프레젠테이션, 클라이언트와 대화 등 다양한 상황에서 명확하게 의사소통할 수 있도록 쉬지 않고 영어를 공부하고 연습해야 합니다.

0.4 이 책의 구성 및 학습 전략

이 책은 소프트웨어 개발에 관련된 영어 학습을 목표로 합니다. 즉, 소프트웨어 개발자가 영어를 능숙하게 활용할 수 있도록 돕는 것이 주요 목적이며, 이를 위해 필요한 기초 영어부터 실무 영어, IT 개발 분야별 영어 표현, 비즈니스 영어, 해외 대학 컴퓨터 관련 학과 지원 및 해외 취업을 위한 영어까지 다룹니다. 각 챕터에서 학습하게 될 내용은 다음과 같습니다.

0.4.1 | 챕터별 구성

챕터 1은 영어 기초를 준비하는 단계로, 개발자가 자주 접하게 될 기술 문서에 등장하는 단어와 표현, 특수 기호와 축약어를 정리합니다. 이것으로 기술 문서를 이해하는 기본 영어를 다지고, 더불어 개발자 영어의 읽기와 쓰기, 듣기와 말하기를 어떤 방향으로 연습해야 하는지 몇 가지 팁을 알아봅니다.

챕터 2에서는 각 소프트웨어 개발 과정에서 필요한 영어 단어와 표현을 다룹니다. 요구 사항 분석에서 소프트웨어 배포 및 유지 보수까지 각 소프트웨어 개발 단계에서 필요한 영어 표현을 정리하며, 실제 프로젝트 상황에서 이를 적용하는 방법을 배웁니다.

챕터 3은 IT 개발 분야별 영어 표현에 초점을 맞춥니다. 프런트엔드, 백엔드, 모바일 개발, 데브옵스 등 다양한 분야에서 사용되는 코드와 이를 설명하는 영어 표현을 정리합니다. 이것으로 독자는 본인의 업무와 관련된 분야에서 필요한 영어 표현에 집중하여 학습할 수 있습니다.

챕터 4는 개발자의 비즈니스 실전 영어를 다룹니다. 프로젝트 계획, 클라이언트 대응, 개발자 간 협의, 시스템 장애 대응 등 다양한 상황에서 사용되는 비즈니스 영어를 학습합니다. 개발자로서 마주하는 비즈니스 상황에서 쓰는 영어 표현을 익힐 수 있습니다.

챕터 5와 챕터 6은 개발자의 커리어 성장과 관련하여 해외 대학 지원이나 해외 취업을 위한 영어를 다룹니다. 챕터 5에서는 개발자의 해외 대학 학위 취득의 장단점을 살펴보고, 영문 CV 및 SOP 작성과 추천서 요청 방법 등을 알아봅니다. 챕터 6에서는 해외 취업과 관련하여 영어 면접과 코딩 테스트에서 필요한 영어 표현을 정리합니다.

0.4.2 | 개발자 영어 학습 전략

이 책의 학습 전략은 '학습-확인-반복'입니다. 각 챕터에서 제공하는 이론적인 내용으로 지식을 습득하고, 실제 프로젝트 상황을 가정한 예제로 이를 확인해 보며, 실전에 적용할 수 있도록 반복하는 것이 목표입니다. 더불어 이 책의 부록인 '개발자를 위한 영어 사전'은 각 챕터에서 배운 내용과 영어 표현을 정리하여 독자가 편리하게 개발자 영어를 학습할 수 있게 합니다.

1

개발자
영어 학습을
위한
기초 준비

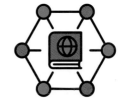

개발자 영어와 일반적인 영어는 조금 다르지만, 개발자 영어 역시 기본적인 어휘와 문법은 어느 정도 뒷받침되어야 합니다. 챕터 1에서는 개발자 영어의 기초를 다지고자 기술 문서에서 자주 등장하는 단어와 업무에서 실제로 사용되는 문법을 학습합니다. 아울러 미리 알아야 할 특수 기호 영어 표현과 축약어를 정리하고, 개발자 영어를 공부할 때 영어 읽기, 쓰기, 듣기, 말하기 연습을 어떻게 하는 것이 효과적인지 알아봅니다.

1.1 개발자 영어를 위한 기초 단어

주어와 동사는 영어 문장의 뼈대입니다. 따라서 주어와 동사로 간단한 문장 만들기부터 연습하면 좋습니다. 특히 자주 사용하는 동사를 먼저 익혀야 합니다. 동사를 공부할 때는 현재형, 과거형, 과거분사Past Participle 등 세 단계 변환(예 Do-Did-Done)을 함께 익히길 추천합니다. 기본적인 동사의 3단 변환을 어느 정도 학습했다면 문장을 다양하게 만들면서 명사, 형용사, 부사 같은 다른 품사의 어휘를 늘려 갑니다. 이 과정에서 각 단어의 정확한 발음을 함께 익히는 것이 중요합니다.

1.1.1 | 개발자 영어에서 자주 사용하는 동사

동사를 먼저 익혀 두면 행동이나 상태를 표현하는 문장을 구성할 수 있어 주요 내용을 쉽게 전달할 수 있습니다. 다음 표는 개발자 영어에서 자주 사용하는 동사를 정리한 것입니다. 표에서 알고 있는 단어에 체크하면서 기본적인 동사 어휘를 점검하기 바랍니다.

▼ **표 1-1** 개발자 영어에서 자주 사용하는 동사

동사	뜻	동사	뜻	동사	뜻
Access	접속하다	Format	형식화하다	Relink	재연결하다
Adapt	적응하다	Freeze	동결하다	Remove	제거하다
Add	추가하다	Function	기능하다	Render	렌더링하다
Allocate	할당하다	Generate	생성하다	Replace	교체하다
Analyze	분석하다	Handle	처리하다	Requery	다시 쿼리하다
Apply	적용하다	Host	주최하다	Request	요청하다
Authenticate	인증하다	Identify	식별하다	Reset	재설정하다
Backup	백업하다	Implement	구현하다	Respond	응답하다
Build	구축하다	Import	불러오다	Retrieve	조회하다
Bundle	묶다	Include	포함하다	Retry	재시도하다
Chain	연결하다	Increase	증가시키다	Review	검토하다
Check	확인하다	Initialize	초기화하다	Rollback	되돌리다
Chunk	덩어리로 나누다	Input	입력하다	Route	경로를 지정하다
Clean	정리하다	Install	설치하다	Run	실행하다
Click	클릭하다	Instantiate	객체화하다	Save	저장하다
Clone	복제하다	Integrate	통합하다	Scaffold	발판을 짜다
Code	코드 작성하다	Interface	연결하다	Scroll	스크롤하다
Commit	커밋하다	Interpolate	덧붙이다	Search	검색하다
Compile	컴파일하다	Invalidate	무효화하다	Secure	확보하다

🔄 계속

동사	뜻	동사	뜻	동사	뜻
Configure	구성하다	Invoke	호출하다	Select	선택히디
Connect	연결하다	Iterate	반복하다	Send	보내다
Construct	구축하다	Join	참여하다	Serialize	직렬화하다
Control	제어하다	Keep	유지하다	Set	설정하다
Convert	변환하다	Link	연결하다	Share	공유하다
Copy	복사하다	Load	로드하다	Show	보여 주다
Crawl	크롤링하다	Log	기록하다	Simulate	시뮬레이션하다
Create	생성하다	Manage	관리하다	Solve	해결하다
Debug	디버그하다	Measure	측정하다	Specify	지정하다
Declare	선언하다	Merge	병합하다	Spin	회전하다
Decompress	압축 해제하다	Migrate	옮기다	Split	분할하다
Default	기본값으로 하다	Minify	최소화하다	Store	저장하다
Define	정의하다	Mock	흉내 내다	Stream	스트림하다
Delete	삭제하다	Modify	수정하다	Sync	동기화하다
Deploy	배포하다	Monitor	감시하다	Test	테스트하다
Deprecate	권장하지 않다	Move	이동하다	Throttle	조절하다
Describe	설명하다	Navigate	탐색하다	Toggle	토글하다
Design	설계하다	Notify	알리다	Trace	추적하다
Detect	감지하다	Obtain	획득하다	Track	추적하다
Determine	결정하다	Optimize	최적화하다	Transact	거래하다
Develop	개발하다	Organize	조직하다	Transform	변환하다
Direct	지시하다	Parse	분석하다	Translate	번역하다

◑ 계속

동사	뜻	동사	뜻	동사	뜻
Display	전시하다	Patch	일부 수정하다	Unpack	압축 해제하다
Distribute	배포하다	Perform	수행하다	Unset	해제하다
Document	문서화하다	Plan	계획하다	Unwrap	풀다
Draw	그리다, 끌다	Poll	설문 조사하다	Update	업데이트하다
Edit	편집하다	Probe	탐사하다	Upload	업로드하다
Embed	내장하다	Process	처리하다	Upscale	규모를 늘리다
Encode	인코딩하다	Pull	당기다	Use	사용하다
Encrypt	암호화하다	Push	밀다	Validate	유효성 검사하다
Ensure	보장하다	Query	질문하다	Value	가치를 평가하다
Escape	예외 처리하다	Read	읽다	Verify	검증하다
Evaluate	평가하다	Rebase	재설정하다	Visualize	시각화하다
Execute	실행하다	Reboot	재부팅하다	Watch	관찰하다
Export	내보내다	Recompile	재컴파일하다	Wire	연결하다
Extract	추출하다	Redeploy	재배포하다	Wrap	포장하다
Fetch	가져오다	Refactor	리팩터링하다	Write	쓰다
Filter	필터링하다	Reference	참조하다	Yield	양보하다
Fix	고치다	Refetch	다시 가져오다	Zero	제로화하다
Flag	표시하다	Refine	정제하다	Zip	압축하다
Fork	갈라지다	Regenerate	재생성하다	Zoom	확대/축소하다

동사의 3단 변화

　동사는 현재형, 과거형, 과거분사로 3단 변화합니다. 동사는 현재형을 알고 있으면 대체로 일정한 규칙에 따라 과거형이나 과거분사로 변환할 수 있습니다. 예를 들어 과거형은 동사원형 뒤에 −ed를 붙이고, 과거분사는 뒤에 −ed나 −en을 붙이는 형식입니다. 개발할 때 자주 사용하는 commit이라는 동사로 3단 변화가 어떻게 적용되는지 보겠습니다.

- (현재형) **I commit the changes to the repository as soon as I finish a feature.**
  나는 기능을 완성하자마자 저장소에 변경 사항을 **커밋합니다.**

- (과거형) **He committed the code updates yesterday.**
  그는 어제 코드 업데이트를 **커밋했습니다.**

- (과거 완료형) **Before the team review, the junior developer had already committed the new feature to the code repository.**
  팀 리뷰 전에 그 신입 개발자는 이미 새로운 기능을 코드 저장소에 **커밋했었습니다.**

　동사는 be + −ing를 붙여 다음과 같이 현재형, 과거형, 과거 완료형에 진행형Continuous을 만들 수 있습니다.

- (현재 진행형) **She is committing the bug fixes right now.**
  그녀는 지금 버그 수정 사항을 **커밋하고 있습니다.**

- (과거 진행형) **While the team was reviewing the code, I** was **committing the final adjustments.**

  팀이 코드를 검토하는 동안, 나는 마지막 조정 사항을 커밋하는 **중이었습니다.**

- (과거 완료 진행형) **They** had been committing **improvements to the branch all week before the big presentation.**

  그들은 큰 프레젠테이션을 앞두고 일주일 내내 그 브랜치에 개선 사항을 커밋해 **왔습니다.**

참고로 동사의 시제 변화는 1.2절에서 자세히 살펴보겠습니다.

불규칙 동사

일반적인 3단 변화 규칙이 적용되지 않는 동사를 불규칙 동사라고 합니다. 다음 표는 개발자 영어뿐만 아니라 일상 영어에서도 자주 사용하는 불규칙 동사를 정리한 것입니다. 불규칙 동사는 현재형과 더불어 과거형과 과거분사도 바로 입으로 나올 수 있게 익혀 두어야 합니다.

▼ **표 1-2** 개발자 영어에서 자주 사용하는 불규칙 동사

Be(있다)-Was/Were-Been	Hide(숨다)-Hid-Hidden	Shake(흔들다)-Shook-Shaken
Begin(시작하다)-Began-Begun	Hit(치다)-Hit-Hit	Shoot(쏘다)-Shot-Shot
Blow(불다)-Blew-Blown	Hold(잡다)-Held-Held	Sit(앉다)-Sat-Sat
Break(깨다)-Broke-Broken	Keep(유지하다)-Kept-Kept	Sleep(자다)-Slept-Slept
Build(짓다)-Built-Built	Know(알다)-Knew-Known	Speak(말하다)-Spoke-Spoken
Buy(사다)-Bought-Bought	Lead(이끌다)-Led-Led	Spend(쓰다)-Spent-Spent
Catch(잡다)-Caught-Caught	Leave(떠나다)-Left-Left	Stand(서다)-Stood-Stood

❍ 계속

Choose(선택하다)-Chose-Chosen	Make(만들다)-Made-Made	Steal(훔치다)-Stole-Stolen
Come(오다)-Came-Come	Mean(의미하다)-Meant-Meant	Stick(붙다)-Stuck-Stuck
Cut(자르다)-Cut-Cut	Meet(만나다)-Met-Met	Take(가져가다)-Took-Taken
Do(하다)-Did-Done	Pay(지불하다)-Paid-Paid	Teach(가르치다)-Taught-Taught
Draw(그리다)-Drew-Drawn	Put(놓다)-Put-Put	Tell(말하다)-Told-Told
Drive(운전하다)-Drove-Driven	Read(읽다)-Read-Read	Think(생각하다)-Thought-Thought
Find(찾다)-Found-Found	Ride(타다)-Rode-Ridden	Throw(던지다)-Threw-Thrown
Freeze(얼다)-Froze-Frozen	Run(달리다)-Ran-Run	Understand(이해하다)-Understood-Understood
Get(얻다)-Got-Gotten	Say(말하다)-Said-Said	Wake(깨다)-Woke-Woken
Give(주다)-Gave-Given	See(보다)-Saw-Seen	Wear(입다)-Wore-Worn
Go(가다)-Went-Gone	Sell(팔다)-Sold-Sold	Win(이기다)-Won-Won
Grow(성장하다)-Grew-Grown	Send(보내다)-Sent-Sent	Write(쓰다)-Wrote-Written
Have(가지다)-Had-Had	Set(설정하다)-Set-Set	

1.1.2 | 개발자 영어에서 자주 사용하는 단어

동사를 어느 정도 학습했다면 이제 명사, 형용사, 부사 등 다른 품사도 균형 있게 확장해야 합니다. 특히 개발자 영어에서는 소프트웨어 개발 과정과 기술 문서 등에서 자주 등장하는 단어를 최대한 많이 알아 두면 좋습니다. 아울러 개발자 간 커뮤니케이션에서 자주 등장하는 특수 기호와 축약어에 대한 영어 표현도 미리 알아 두면 조금 더 원활하게 의사소통할 수 있습니다.

기술 문서에서 자주 나오는 단어

기술 문서Technical Documents는 소프트웨어의 설계, 기능, 작동 방식 등에 대한 자세한 정보를 제공하는 문서를 의미합니다. 소프트웨어 개발 과정에서 주로 사용되는 기술 문서의 종류는 다음과 같습니다.

- 요구 사항 문서 Requirements Documentation
- 설계 문서 Design Documentation
- 기술 사양 문서 Technical Specifications
- 사용자 설명서 User Manual/Guide
- API 문서 API Documentation
- 릴리스 노트 Release Note
- 유지 보수 문서 Maintenance Documentation

다음 표는 기술 문서에서 자주 나오는 단어를 정리한 것입니다. 표에 있는 단어는 기본적으로 알아 두어야 하는 것으로, 실제 기술 문서에는 훨씬 많은 단어가 사용됩니다. 따라서 어휘를 확장하려면 구글 스프레드시트나 영어 단어장 앱App 등을 이용하여 자신만의 단어장을 만들어야 합니다.

▼ 표1-3 기술 문서에서 자주 나오는 단어

단어	뜻	단어	뜻	단어	뜻
Accessibility	접근성	Endpoint	종단점	Query	질의(쿼리)
Agile	애자일	Exception	예외	Recovery	복구

○ 계속

단어	뜻	단어	뜻	단어	뜻
Algorithm	알고리즘	Failover	장애 조치	Redundancy	중복성
Analytics	분석	Framework	프레임워크	Refactor	리팩터링
Architecture	구조	Front-end	프런트엔드	Reliability	신뢰성
Asset	자산	Functionality	기능	Reporting	보고
Authentication	인증	Implementation	구현	Repository	저장소
Authorization	권한 부여	Integration	통합	Requirement	요구 사항
Automation	자동화	Interface	인터페이스	Risk	위험
Back-end	백엔드	Internationalization	국제화	Scalability	확장성
Bandwidth	대역폭	Iteration	반복	Scenario	시나리오
Branch	브랜치	Kanban	칸반	Scrum	스크럼
Build	빌드	Latency	지연 시간	Security	보안
Cache	캐시	Library	라이브러리	Server	서버
Certificate	인증서	Load Balancing	로드 밸런싱	Session	세션
Client	클라이언트	Localization	현지화	Specification	명세
Cloud	클라우드	Logging	로깅	Sprint	스프린트
Collaboration	협업	Maintenance	유지 보수	Stakeholder	이해 당사자
Commit	커밋	Merge	병합	Synchronization	동기화
Compile	컴파일	Microservices	마이크로 서비스	Testing	테스팅
Compliance	준수	Milestone	이정표	Thread	스레드
Configuration	구성	Mockup	모형	Token	토큰
Constraint	제약 조건	Module	모듈	Usability	사용성
Container	컨테이너	Monitoring	모니터링	Use Case	유스 케이스

● 계속

단어	뜻	단어	뜻	단어	뜻
Database	데이터베이스	Network	네트워크	User Experience (UX)	사용자 경험
Debug	디버그	Objective	목표	User Interface (UI)	사용자 인터페이스
Debugging	디버깅	Optimization	최적화	Validation	유효성 검사
Dependency	의존성	Performance	성능	Verification	검증
Deployment	배포	Process	프로세스	Versioning	버전 관리
Disaster	재해	Protocol	프로토콜	Virtualization	가상화
Documentation	문서화	Prototype	프로토타입	Wireframe	와이어프레임
Encryption	암호화	Pull Request	풀 리퀘스트	Workflow	작업 흐름

알아 두어야 할 특수 기호

해외 개발자와 협업할 때 의외로 잘 생각나지 않는 부분이 바로 특수 기호의 영어 표현입니다. 특히 키보드에 있는 특수 기호를 영어로 듣거나 말해야 하는 경우가 종종 있습니다. 다음 표는 꼭 알아 두어야 할 특수 기호의 영어 표현 모음입니다(키보드 자판 왼쪽 위부터 시작).

▼ **표 1-4** 키보드 자판 특수 기호

특수 기호	단어	뜻	특수 기호	단어	뜻
`	Backtick	백틱	{	Left Curly Brace	왼쪽 중괄호
~	Tilde	물결표	}	Right Curly Brace	오른쪽 중괄호
!	Exclamation Mark	느낌표	[	Left Square Bracket	왼쪽 대괄호
@	At Sign	골뱅이	]	Right Square Bracket	오른쪽 대괄호
#	Hash Sign	샵	|	Vertical Bar	수직선

◑ 계속

특수 기호	단어	뜻	특수 기호	단어	뜻
$	Dollar Sign	달러 기호	\	Backslash	역슬래시
%	Percent Sign	퍼센트 기호	:	Colon	콜론
^	Caret	카롯	;	Semicolon	세미콜론
&	Ampersand	앰퍼샌드	"	Double Quote	큰따옴표
*	Asterisk	별표	'	Single Quote	작은따옴표
(	Left Parenthesis	왼쪽 괄호	<	Less Than Sign	미만 기호
)	Right Parenthesis	오른쪽 괄호	>	Greater Than Sign	초과 기호
-	Hyphen	하이픈	,	Comma	쉼표
_	Underscore	밑줄	.	Period	마침표
+	Plus Sign	더하기 기호	?	Question Mark	물음표
=	Equal Sign	등호	/	Forward Slash	슬래시

자주 사용하는 축약어

개발 프로젝트를 하다 보면 IT 업계에서 사용하는 다양한 축약어를 접하게 됩니다. 이런 축약어를 미리 알아 두면 조금 더 효율적으로 커뮤니케이션할 수 있습니다. 다음 표는 IT 업계에서 자주 사용하는 축약어와 예시 문장을 정리한 것입니다.

▼ 표 1-5 IT 업계에서 자주 사용하는 축약어

축약어	영어 풀이	의미
API	Application Programming Interface	애플리케이션 프로그래밍 규약
BDD	Behavior-Driven Development	행동 주도 개발
CI	Continuous Integration	지속적 통합

● 계속

축약어	영어 풀이	의미
CD	Continuous Deployment	지속적 배포
CDN	Content Delivery Network	콘텐츠 전송 네트워크
CRM	Customer Relationship Management	고객 관계 관리
ERP	Enterprise Resource Planning	기업 자원 관리
ETL	Extract, Transform, Load	추출, 변환, 로딩 프로세스
GDPR	General Data Protection Regulation	일반 데이터 보호 규정
IDE	Integrated Development Environment	통합 개발 환경
LIFO	Last In, First Out	후입선출
FIFO	First In, First Out	선입선출
SCM	Supply Chain Management	공급망 관리
SEO	Search Engine Optimization	검색 엔진 최적화
SLA	Service Level Agreement	서비스 수준 계약
QA	Quality Assurance	품질 보증
RFC	Request For Comments	의견 요청
ROI	Return On Investment	투자 수익률
TCO	Total Cost of Ownership	총 소유 비용
TDD	Test-Driven Development	테스트 주도 개발
TTFB	Time To First Byte	첫 바이트까지 시간
WFH	Work From Home	재택 근무
XP	Cross Platform	크로스 플랫폼
SaaS	Software as a Service	서비스형 소프트웨어
PaaS	Platform as a Service	서비스형 플랫폼
IaaS	Infrastructure as a Service	서비스형 인프라

- Our team is using **CI/CD** for continuous integration and deployment, and we ensure **QA** through **TDD**.

  우리 팀은 지속적인 통합과 배포를 위해 **CI/CD**를 사용하고, **테스트 주도 개발**(TDD)을 통해 **품질 보증**(QA)을 보장합니다.

- The developers are **WFH** due to the pandemic, collaborating through various tools, and focusing on **XP** development.

  개발자들은 팬데믹 때문에 **재택 근무**(WFH)를 하며, 다양한 도구로 협업하고, **크로스 플랫폼**(XP) 개발에 중점을 둡니다.

- The **CDN** will improve the **TTFB**, and the **ETL** process will be optimized for better performance.

  콘텐츠 전송 네트워크(CDN)는 **첫 바이트까지 시간**(TTFB)을 개선하고, **추출, 변환, 로딩 프로세스**(ETL)는 성능 향상을 위해 최적화될 것입니다.

오픈 소스 프로젝트를 하거나 해외 개발자와 커뮤니케이션하려면 온라인에서 주로 통용되는 축약어도 알아 두면 좋습니다. 다음 표는 개발자 커뮤니티에서 자주 사용하는 축약어와 예시 문장을 정리한 것입니다.

▼ **표 1-6** 개발자 커뮤니티에서 자주 사용하는 축약어

축약어	영어 풀이	의미
ACK	ACKnowledge	승인, 확인
AFAIK	As Far As I Know	내가 알기로는
BTW	By The Way	그나저나, 그런데
DRY	Don't Repeat Yourself	같은 것을 반복하지 마세요
FYI	For Your Information	참고로

◐ 계속

축약어	영어 풀이	의미
IIRC	If I Recall Correctly	제가 제대로 기억한다면
KISS	Keep It Simple, Stupid	단순하게 하세요
LGTM	Looks Good To Me	저에게는 좋아 보여요
RFC	Request For Comment	의견 요청
RTFM	Read The Fine Manual	설명서를 잘 읽어 보세요
SGTM	Sounds Good To Me	저에게는 좋게 들려요
TBD	To Be Determined	결정 예정, 아직 결정되지 않음
w/o	without	~ 없이
WIP	Working In Progress	진행 중
WYSIWYG	What You See Is What You Get	보이는 그대로 얻는 것
YAGNI	You Ain't Gonna Need It	당신은 이것이 필요하지 않을 거예요

- **AFAIK**, the release date is still **TBD**.

  제가 알기로는(AFAIK), 릴리스 날짜는 **아직 결정되지 않았습니다**(TBD).

- The UI design is still **WIP**, but it already **LGTM**.

  그 UI 디자인은 아직 **진행 중**(WIP)이지만, 이미 **제가 보기에는 좋아 보여요**(LGTM).

- **BTW**, don't forget to follow the **DRY** principle in your code.

  그나저나(BTW), 코드에서 같은 것을 **반복하지 말라**(DRY)는 원칙을 잊지 마세요.

1.1.3 | 기본적인 영어 발음과 강세

영어 커뮤니케이션에서 발음과 강세는 매우 중요합니다. 아무리 쉬운 단어라도 발음과 강세가 제대로 되지 않으면 상대방이 알아듣지 못하고 대화가 끊기는 경우가 많기 때문입니다. 따라서 영어 단어를 학습할 때는 영어 발음 기호가 어떤 발음을 내는지 확인하고, 정확한 발음과 강세를 함께 익혀야 합니다.

흔히 실수하는 영어 발음과 강세

한국식으로 변형된 영어 표현 때문에 우리나라 사람이 잘못 알고 있는 영어 발음이 많습니다. 개발자 영어에서도 한국식 영어 표현으로 통용되는 단어가 있어 해외 개발자들이 알아듣지 못하는 경우가 종종 있습니다. 다음 표는 개발자 영어 중에서 흔히 실수하는 영어 단어를 정리한 것입니다.

▼ **표 1-7** 흔히 실수하는 영어 단어 발음

단어	발음 기호	잘못된 발음	올바른 발음	뜻
archive	[ˈɑːrˌkaɪv]	아취브	**아-r** 카이브	보관소
async	[ˈeɪˌsɪŋk]	어싱크	**에**이 싱크	비동기
asynchronous	[eɪˈsɪŋkrənəs]	어싱크로노우스	에이**싱**크러너스	비동기식
Ajax	[ˈeɪˌdʒæks]	아작스	**에**이 잭스	비동기 자바스크립트와 XML
Boolean	[ˈbuːlɪən]	불린	**불**-리언	참 거짓
C++	[siːˈplʌsˈplʌs]	씨뿔뿔	씨- 플러스플러스	프로그래밍 언어
carousel	[kærəˈsel]	캐로우셀	캐러**셀**	회전목마, 수하물 컨베이어
Collider	[kəˈlaɪdər]	콜리더	컬**라**이더	충돌 처리기, 입자 가속기

○ 계속

단어	발음 기호	잘못된 발음	올바른 발음	뜻
deprecated	[ˈdɛprɪˌkeɪtɪd]	디프리케이티드	**데**프리 케이티드	사용되지 않는, 지양하는
diagnostics	[dàiəgnάstiks]	디아그노스틱스	다이어그**나**스틱스	진단
directory	[dɪˈrɛktəri]	디렉토리	디**렉**터리	디렉터리
Django	[ˈdʒæŋgoʊ]	디장고(d 묵음)	**쟁**고우	파이썬 웹 프레임워크
Ethereum	[ɪˈθɪəriəm]	이더리움	어**th**ㅣ에리엄	암호화폐
exec	[ˈɛksɛk]	엑시크	**이**그젝	실행
execute	[ˈɛksɪˌkjuːt]	익스큐트	**엑**시 큐-트	실행하다
executive	[ɪgˈzɛkjətɪv]	엑시큐티브	이그**제**큐티브	경영의, 경영진
flutter	[ˈflʌtər]	플루터	**플**러터r	XP 앱 프레임워크
Gradle	[ˈgreɪdəl]	그래들	**그**레이들	그래들 빌드 도구
height	[haɪt]	헤이트	하이트	높이
horizontal	[hɒrɪˈzɒntəl]	호리존탈	허러**잔**터을	수평의
hover	[ˈhɒvər]	호버r	**하**버r	맴돌다, 떠다니다
Kubernetes	[kjuːˈbɜːrnitiːz]	쿠버네이티즈	쿠-**버**-r네티즈	컨테이너 도구
label	[ˈleɪbəl]	라벨	**레**이블	라벨
linear	[ˈlɪniər]	라이너	**리**니어	선형의
locale	[loʊˈkæl]	로캐일	로우**캘**	로케일, 현장
method	[ˈmɛθəd]	메소드	**메**thㅓ드	메서드, 방법
panel	[ˈpænəl]	판넬	**패**널	패널, 판자
Polymorphism	[pɒliˈmɔːfɪzəm]	폴리모피즘	펄리-**머**-피즘	다형성
principal	[ˈprɪnsəpəl]	프린시팔, 프린스플	**프**린서펄	주요한
private	[ˈpraɪvɪt]	프라이베이트	**프**라이빗	비공개의, 사적인

◐ 계속

단어	발음 기호	잘못된 발음	올바른 발음	뜻
query	[ˈkwɪri]	쿼리	**크위**r리, **크위**이리	질문, 질의
ratio	[ˈreɪʃioʊ]	래티오, 레이티오	**레**이쇼	비율
relative	[ˈrɛlətɪv]	릴레이티브	**렐**러티브	상대적인
release	[rɪˈliːs]	릴리즈	릴**리**-스	배포
report	[rɪˈpɔːrt]	레포트	리**포**-r트	보고서
repository	[rɪˈpɒzɪˌtɔːri]	레파지토리	리**파**지 터-리	저장소
route	[ruːt]	라우트	루-트	경로
select	[sɪˈlɛkt]	셀렉트	실**렉**트(강세 주의)	선택하다
static	[ˈstætɪk]	스테이틱	**스**테틱	정적인
suite	[swiːt]	수트	스위-트	모음, 세트
vagrant	[ˈveɪɡrənt]	바그란트	**베**이그런트	개발 환경 관리 도구
width	[wɪdθ]	위드스	위**th**—(뒤에 스x)	너비
wrapper	[ˈræpər]	워랩	**뤠**퍼r	포장

영어 발음을 한국어로 표기하면 정확한 발음을 알기 어렵습니다. 표 1-7에 한국어로 표기한 발음은 참고만 하고, 정확한 발음은 다음과 같이 구글에서 검색하여 연습하길 바랍니다.

▼ 그림 1-1 구글 검색을 이용한 영어 발음 연습

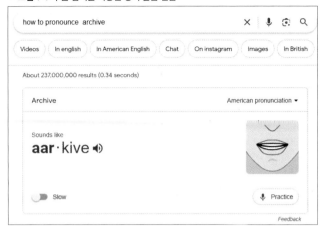

상대방이 못 알아들을 때 대처 방법

　상대방이 내 영어 발음을 알아듣지 못할 때는 똑같은 단어를 계속 반복해서 말해도 대부분 알아듣지 못합니다. 따라서 상대가 발음을 못 알아들을 때는 다른 단어로 설명하거나 스펠링을 말해 주면 좋습니다.

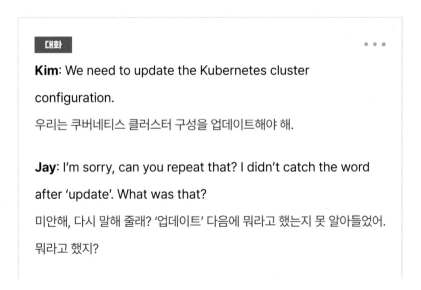

대화

Kim: We need to update the Kubernetes cluster configuration.

우리는 쿠버네티스 클러스터 구성을 업데이트해야 해.

Jay: I'm sorry, can you repeat that? I didn't catch the word after 'update'. What was that?

미안해, 다시 말해 줄래? '업데이트' 다음에 뭐라고 했는지 못 알아들었어. 뭐라고 했지?

Kim: Sure, it's Kubernetes. **That's spelled K-U-B-E-R-N-E-T-E-S**. It's the container orchestration system we're using.

물론이지, 쿠버네티스야. **철자는 K-U-B-E-R-N-E-T-E-S**. 우리가 사용하는 컨테이너 오케스트레이션 시스템 말이야.

Jay: Ah, Kubernetes! Got it. Thanks for spelling that out for me. Let's proceed with the update, then.

아, 쿠버네티스! 이해했어. 철자 말해 줘서 고마워. 그럼 업데이트를 진행하자.

발음이 부정확했다고 생각되면 먼저 "Can I spell the word that I said?(제가 말한 단어 스펠링을 말해 줄까요?)"라고 말하고 스펠링을 알려 주는 방법도 있습니다. 다만 스펠링을 말할 때 B/V, F/P, J/Z, L/R, M/N 같은 철자는 발음 구분이 잘 되지 않을 때가 있습니다. 이때는 다음 표의 음성 기호 또는 포네틱 알파벳Phonetic Alphabets을 사용하면 좋습니다.

▼ 표 1-8 포네틱 알파벳(Nato)

문자	코드 워드	문자	코드 워드
A	Alfa	N	November
B	Bravo	O	Oscar
C	Charlie	P	Papa
D	Delta	Q	Quebec
E	Echo	R	Romeo

○ 계속

문자	코드 워드	문자	코드 워드
F	Foxtrot	S	Sierra
G	Golf	T	Tango
H	Hotel	U	Uniform
I	India	V	Victor
J	Juliett	W	Whiskey
K	Kilo	X	X-ray
L	Lima	Y	Yankee
M	Mike	Z	Zulu

포네틱 알파벳은 국제적으로 통용되는 음성 기호를 의미합니다. 주로 무선 통신에서 영어 철자를 정확하게 전달하는 데 사용됩니다. 포네틱 알파벳을 사용하려면 철자 뒤에 as in + 포네틱 알파벳 단어를 붙이면 됩니다.

- **My name is Lim, L, I, M. M as in Mike**

  제 이름은 임입니다, L, I, M. M은 **Mike**의 M입니다.

- I have made an application named Fetch It, spelled F **as in Foxtrot**, e-t-c-h-i-t.

  Fetch It라는 애플리케이션을 만들었습니다. 철자는 **Foxtrot**의 F, e-t-c-h-i-t입니다.

포네틱 알파벳은 개발 업무뿐만 아니라 해외 입국 심사나 해외 관공서 업무에도 요긴하게 사용됩니다. 참고로 영어로 숫자를 말할 때도 상대방이 -teen과 -ty 발음을 헷갈려 하는 경우가 많습니다. 이때는 숫자를 말한 후 각 숫자를 하나씩 다시 말해 주는 것이 좋습니다.

- I'm thirty years old. **Three-O.**
  저는 30살입니다. **3-0.**

- There remain eighteen bugs. **One-eight**. Not Eight-O.
  버그가 18개 남아 있습니다. **1-8**이지 8-0이 아닙니다.

1.2 개발자 영어를 위한 기초 문법

영어에는 표 1-9와 같이 열두 가지 시제가 있습니다. 열두 가지 시제를 하나씩 차례대로 익히는 것도 좋지만, 실무에서 주로 사용하는 표현 위주로 문법을 익히는 것이 더 효율적입니다. 먼저 미래, 과거, 현재를 나타내는 문법부터 익숙해져야 합니다. 다음으로 가정법, 비교급, 수동태, 동명사/부정사, 전치사, 관사 등으로 문법을 추가로 학습해 나가면 좋습니다.

▼ **표 1-9** 영어의 열두 가지 시제

구분	현재(Present)	미래(Future)	과거(Past)
단순 (Simple)	단순 현재형 I code	단순 미래형 I will code	단순 과거형 I coded
진행형 (Continuous)	현재 진행형 I am coding	미래 진행형 I will be coding	과거 진행형 I was coding

↻ 계속

구분	현재(Present)	미래(Future)	과거(Past)
완료형 (Perfect)	현재 완료형 I have coded	미래 완료형 I will have coded	과거 완료형 I had coded
완료 진행형 (Perfect Continuous)	현재 완료 진행형 I have been coding	미래 완료 진행형 I will have been coding	과거 완료 진행형 I had been coding

1.2.1 | 미래를 나타내는 문법

클라이언트나 다른 개발자와 협업할 때 미래에 대한 결정, 약속, 추측, 계획, 일정을 말할 때가 많습니다. 미래에 대해 말할 때는 조동사 will과 be going to를 주로 사용합니다. 다만 문맥과 상황에 따라 현재형이나 현재 진행형 같은 현재 시제를 사용하기도 합니다.

결정, 약속, 다짐 말하기(will)

미래의 어떤 일에 대한 결정, 약속, 다짐을 말할 때는 will을 사용합니다.

- I **will** update the code right now.
  지금 바로 코드를 업데이트**하겠습니다.**

- I **will** provide the documentation by Friday, as we agreed.
  우리가 합의한 대로, 그 문서를 금요일까지 제공**해 드리겠습니다.**

- We **will** make sure to test all the edge cases before releasing the update.
  업데이트를 배포하기 전에 모든 엣지 케이스를 확실히 테스트**하겠습니다.**

계획 말하기(be going to)

미래 계획을 말할 때는 be going to를 사용합니다. 여기에서 말하는 미래 계획이란 먼 시간 후의 계획뿐만 아니라 당장 얼마 후의 일도 포함됩니다.

- We **are going to** see some major changes in the next version of the application.
  애플리케이션의 다음 버전에서 몇 가지 주요 변경 사항을 볼 **계획입니다**.

- They **are going to** deploy the new feature next month.
  그들은 새로운 기능을 다음 달에 배포할 **계획입니다**.

- The system maintenance **is going to** take place at midnight.
  시스템 유지 보수는 자정에 할 **계획입니다**.

- I **am going to** start working on the new feature as soon as the meeting ends.

  회의가 끝나는 대로 새로운 기능에 대한 작업을 시작할 **계획입니다.**

> **NOTE will vs be going to**
>
> 미래를 이야기할 때 will과 be going to를 **혼용**해도 의사 전달에는 큰 문제없습니다. 다만 will은 be going to보다 더 즉각적이고 강한 의지를 나타내며, be going to는 이미 계획이 있었다는 뉘앙스를 줍니다.
>
> 예를 들어 클라이언트와 한 회의에서 버그가 발견되었고, 그 자리에서 버그를 내일까지 고치겠다고 말하는 것은 즉각적으로 내린 결정이지 미리 예전부터 계획했던 것이 아니기 때문에 will을 사용해야 합니다.
>
> - I **will** fix this bug by tomorrow.
>   내일까지 이 버그를 고치**겠습니다.**
>
> - I'm **going to** fix this bug by tomorrow.
>   내일까지 이 버그를 고치려고 **합니다.**
>
> 만약 클라이언트가 버그에 대해 따지는 상황에서 앞의 문장처럼 be going to를 사용하면 "나는 원래부터 이 버그를 알고 있었고, 내일까지 고치려고 했어요." 같은 묘한 뉘앙스를 줄 수 있습니다. 이처럼 will과 be going to는 미묘한 차이가 있을 수 있으므로 적절한 상황과 맥락에 따라 구분해서 쓰면 좋습니다.

추측 말하기(will, be going to)

미래에 일어날 일을 추측할 때도 will과 be going to를 사용합니다.

- I think the new update **will** increase performance.
  새로운 업데이트는 성능을 향상시킬 **것**이라고 생각합니다.

- With these modifications, the system **is going to be** much more efficient.
  이런 수정으로 시스템은 훨씬 효율적이게 **될 것입니다.**

미래를 추측해서 말할 때도 will과 be going to는 종종 혼용해서 사용됩니다. 다만 여기에도 미묘한 차이가 있습니다. will은 주로 일반적이고 주관적인 추측에 사용하며, be going to는 증거나 논거를 기반으로 조금 더 구체적이고 객관적인 추측을 나타낼 때 사용합니다.

- (일반적, 주관적 추측) I believe this code change **will** resolve the issue.
  이 코드 변경이 문제를 해결**할 것**이라고 생각합니다.

- (근거에 기반을 둔 추측) Since we've found the root cause, this code change **is going to** resolve the issue.
  근본적인 원인을 찾았기 때문에, 이 코드 변경이 문제를 해결**할 것입니다.**

미래 특정 시점에 진행 중인 일을 추측

미래 특정 시점에 진행 중인 일을 추측할 때는 미래 진행형을 사용합니다. 미래 진행형은 will + be + -ing 형태로 구성됩니다. 미래 특정 시점의 시스템 상태나 프로젝트 상황을 추측할 때 주로 사용합니다.

- At 3 PM tomorrow, we **will be updating** the server.
  내일 오후 3시에, 서버를 **업데이트하고 있을 것입니다.**

- When you log in tonight, the system **will be undergoing** routine maintenance.

  오늘 밤에 로그인하면, 시스템은 정기 유지 보수 **중일 것입니다.**

- This time next week, the developers **will be working** on the final stages of the project.

  다음 주 이 시간쯤, 개발자들은 프로젝트의 마지막 단계를 **작업하고 있을 것입니다.**

단순 미래형인 will과 미래 진행형인 will be -ing는 둘 다 미래에 대한 추측을 나타내지만, 미래 진행형은 해당 시점에 어떤 상황이 진행되고 있다는 것을 나타낸다는 점에서 차이가 있습니다.

- (단순 미래형) At 3 PM tomorrow, we **will update** the server.

  내일 오후 3시에, 서버를 **업데이트할 것입니다.**

- (미래 진행형) At 3 PM tomorrow, we **will be updating** the server.

  내일 오후 3시에, 서버를 **업데이트하고 있을 것입니다.**

미래 특정 시점에 완료될 일 추측

미래 특정 시점에 이미 완료될 것으로 예상되는 일을 표현할 때는 미래 완료형(will have + p.p.)을 사용합니다. 미래 완료형은 미래 특정 시점의 상황을 표현하므로 프로젝트 일정이나 마일스톤을 설명할 때 주로 사용합니다.

- By the end of the day, we **will have completed** the code review.
  오늘 하루가 끝날 때쯤, 우리는 코드 리뷰를 **완료할 것입니다.**

- In two weeks, the company **will have launched** the new product.
  2주 후면, 회사는 새 제품을 **출시할 것입니다.**

- By the next sprint, our team **will have implemented** the core features.
  다음 스프린트 때쯤, 우리 팀은 핵심 기능을 **구현할 것입니다.**

미래에 대한 불확실한 추측

will과 be going to는 상당한 확신이 있는 추측을 할 때 주로 사용합니다. 반면 미래의 불확실한 추측을 말할 때는 조동사 might, may, could를 사용하여 표현합니다. 여기에서 might, may, could는 거의 의미가 동일하기에 혼용해서 사용해도 의사소통에는 큰 문제없습니다.

- This code **might** cause a system failure.
  이 코드가 시스템 장애를 일으킬 **수도 있습니다.**

- The users **may** experience issues during the system upgrade.
  사용자들은 시스템 업그레이드 중 문제를 겪을 **수도 있습니다.**

- The system **could** fail if we don't fix this bug.
  이 버그를 해결하지 않으면 시스템 장애가 날 **수도 있습니다.**

일정 말하기(be going to, 현재 진행형)

일정을 말할 때는 be going to와 현재 진행형(be + -ing)을 사용할 수 있습니다. 여기에서 be going to는 계획 의도를 조금 더 강조하는 뉘앙스를 줍니다. 반면 be + -ing는 이미 확정되고 예정된 일정이라는 뉘앙스가 강조됩니다.

- We **are going to** launch the new update next Friday.
  우리는 다음 주 금요일에 새 업데이트를 출시**하려고 합니다**.

- We **are launching** the new update next Friday.
  우리는 다음 주 금요일에 새 업데이트를 출시**하기로 했습니다**.

- I **am going to** meet with the client at 2 PM.
  오후 2시에 클라이언트와 만나려고 **합니다**.

- I **am meeting** with the client at 2 PM.
  오후 2시에 클라이언트와 **만나기로 했습니다**.

단순 현재 시제(Simple Present)를 이용한 일정 말하기

영어에서는 자연 법칙이나 고정된 시간표(예 기차나 비행기 시간표)처럼 패턴이 불변하거나 반복되고 있는 경우 단순 현재 시제를 사용합니다. 예로 "The sun rises every morning(매일 아침 해는 뜹니다).", "The train leaves at 5 PM(그 기차는 오후 5시에 출발합니다)." 같은 문장을 들 수 있습니다.

마찬가지로 개발자 영어에서도 다음과 같이 미래의 반복되는 일정이나 현상에는 단순 현재 시제를 사용하기도 합니다.

- The system **updates** every Sunday at 3 AM.
  시스템은 매주 일요일 오전 3시에 **업데이트됩니다**.

- The weekly team meeting **occurs** on Fridays.
  주간 팀 미팅은 금요일에 **열립니다**.

- The server **reboots** on the first day of every month.
  서버는 매월 첫날 **재부팅됩니다**.

- (반복되는 현상) This code **runs** when the user clicks the button.
  이 코드는 사용자가 버튼을 클릭할 때 **실행됩니다**.

1.2.2 | 과거를 나타내는 문법

영어에서 과거 시제는 단순 과거형, 과거 진행형, 과거 완료형, 과거 완료 진행형이 있습니다. 과거를 나타낼 때는 주로 과거 시제를 활용하지만, 경우에 따라서는 현재 완료형이나 현재 완료 진행형 같은 시제를 사용하기도 합니다.

특정 시점의 과거 말하기(단순 과거형)

단순 과거형은 과거의 특정 시점을 말할 때 사용합니다. 따라서 단순 과거형이 사용된 문장에는 대체로 특정 시점(예 yesterday, last night)이 나타나 있습니다.

- I **fixed** the bug in the login module **yesterday**.
  어제 로그인 모듈의 버그를 수정했습니다.

- We **deployed** the latest version to the production environment **last night**.
  어젯밤에 최신 버전을 프로덕션 환경에 **배포했습니다**.

- He **documented** the login API **last month**.
  지난달에 그가 로그인 API를 문서화했습니다.

- She **implemented** the new feature **last week**.
  지난주에 그녀가 새로운 기능을 **구현했습니다**.

- They **reviewed** the code **this morning at 11am**.
  오늘 아침 11시에 그들이 코드를 검토했습니다.

(과거 시제를 이용한) 다른 사람 말 인용하기

다른 사람이 한 말을 인용하는 것을 간접 화법이라고 합니다. 이 간접 화법은 프로젝트 팀원 간 작업 상태 공유와 클라이언트 요구 사항을 전달하는 데 주로 활용됩니다. 과거의 특정 시점에 다른 사람에게 들은 말을 인용하기 때문에 say와 tell의 과거형인 said와 told를 사용합니다. 또한 that 절에서도 과거 시제를 사용하여 문장을 구성합니다.

- The team leader **said** that the project **was** on schedule.
  팀 리더가 프로젝트가 예정대로 진행되고 **있다고 말했습니다**.

- The client **told** me that the application **was** not responding.

  클라이언트가 저에게 애플리케이션이 응답하지 않는다고 **말했습니다**.

이처럼 다른 사람이 직접 화법Direct Speech으로 말한 것을 간접 화법으로 변환하려면 보통 다음 규칙을 적용합니다.

단순 현재형(Simple Present) → 단순 과거형(Simple Past)

- The code **works** fine. → Jay said that the code **worked** fine.

  코드가 잘 **작동합니다**. → 제이는 코드가 잘 **작동했다고** 말했습니다.

- I **write** the documentation. → Katy told me that she **wrote** the documentation.

  제가 그 문서를 **작성합니다**. → 케이티는 저에게 그녀가 그 문서를 **작성했다고** 말했습니다.

참고로 예시에서 "Jay said that the code works fine."이라고 해도 의사소통에는 큰 문제없습니다. 다만 직접 화법으로 일반적이고 보편적인 사실을 말한 것이 아니라면 대체로 간접 화법에서는 현재 시제를 과거 시제로 변환합니다.

단순 과거형(Simple Past) → 과거 완료형(Simple Perfect)

- I **fixed** the bug. → John said that he **had fixed** the bug.

  제가 버그를 **고쳤습니다**. → 존이 버그를 **고쳤다고** 말했습니다.

- I **designed** the interface. → Chloe told me that she **had designed** the interface.

  제가 그 인터페이스를 **설계했습니다**. → 클로이가 그 인터페이스를 **설계했다고** 말했습니다.

현재 완료형(Present Perfect) → 과거 완료형(Simple Perfect)

- We **have completed** the project. → They said that they **had completed** the project.

  우리는 프로젝트를 **완료했습니다**. → 그들이 프로젝트를 **완료했다고** 말했습니다.

- I **have reviewed** the pull request. → She told Jay that she **had reviewed** the pull request.

  제가 풀 리퀘스트를 **리뷰했습니다**. → 그녀가 제이에게 풀 리퀘스트를 **리뷰했다고** 말했습니다.

조동사 will, can, may → would, could, might

- I **will** start coding now. → John said that he **would** start coding now.

  저는 지금 코딩을 시작**할 거예요**. → 존이 지금 코딩을 시작**할 것이라고** 말했습니다.

- You **can** use this library. → Chloe told me that I **could** use this library.

  당신이 이 라이브러리를 쓰셔도 **됩니다**. → 클로이가 내게 이 라이브러리를 쓸 **수 있다고** 말했습니다.

- We **may** fix the bug today. → They said that they **might** fix the bug today.

  우리는 오늘 버그를 고칠 **수도 있습니다.** → 그들은 오늘 버그를 고칠 **수도 있다고** 말했습니다.

조동사 must → had to

- You **must** complete the task today. → Katy told me that I **had to** complete the task today.

  당신은 오늘 작업을 완료**해야 합니다.** → 케이티가 저에게 오늘 작업을 완료**해야 한다고** 말했습니다.

- We **must** deliver on time. → The manager said that we **had to** deliver on time.

  우리는 시간에 맞춰 전달**해야 합니다.** → 매니저가 우리가 시간에 맞춰 전달**해야 한다고** 말했습니다.

NOTE say와 tell의 사용

say 뒤에는 목적어를 붙이지 않습니다. 반면 tell 뒤에는 반드시 목적어를 붙여야 합니다.

- The manager **said** the code was ready for review. (O)
- The manager said ~~me~~ the code was ready for review. (X)
- The developer **told me** that the code was ready for testing. (O)
- The developer told that the code was ready for testing. (X)

질문, 요청, 명령에 대한 간접 화법

간접 화법은 질문이나 요청, 명령(지시 사항)을 다른 사람에게 전달할 때도 사용합니다. 이때는 said나 told 대신 ask의 과거형인 asked를 사용하며, 앞서 살펴본 간접 화법의 규칙이 그대로 적용됩니다.

질문, 요청할 때의 간접 화법

질문이나 요청이 be 동사나 did, have, can, will로 시작되었다면 asked 뒤에 if와 whether를 붙입니다. 참고로 if와 whether는 의미 차이가 거의 없기 때문에 혼용해서 사용해도 괜찮습니다.

- **Is** the software updated? → John **asked if** the software was updated.

  소프트웨어가 업데이트**되었나요**? → 존이 소프트웨어가 업데이트**되었는지 물어보았습니다.**

- **Did** you finish the task? → Chloe **asked** me **if** I had finished the task.

  작업을 완료**했나요**? → 클로이가 내게 작업을 완료**했는지 물어보았습니다.**

- **Have** you tested the application? → The team leader **asked whether** I had tested the application.

  애플리케이션을 테스트**했나요**? → 팀장이 애플리케이션을 테스트**했는지 물어보았습니다.**

- **Can** you fix this bug today? → Katy **asked whether** I could fix the bug today.

  오늘 이 버그를 수정**할 수 있나요?** → 케이티가 오늘 이 버그를 수정**할 수 있는지** 물어보았습니다.

- **Will** our team need extra support? → My team leader **asked if** our team need extra support.

  우리 팀에 추가 지원이 필요**할까요?** → 팀장이 팀에 추가 지원이 필요**할지** 물어보았습니다.

의문사 사용

질문이나 요청이 who, when, where, what, how, why 같은 의문사로 시작되었을 때는 의문사를 그대로 사용합니다. 여기에서 한 가지 주의할 점은 who를 제외한 의문사 절의 어순은 의문사 + 주어 + 동사로 해야 한다는 것입니다.

- **Who** is responsible for the error? → The manager asked **who** was responsible for the error.

  오류는 **누가** 책임지나요? → 관리자가 오류에 대한 책임이 **누구에게** 있는지 물어보았습니다.

- **When** will the update be released? → John asked **when** the update would be released.

  업데이트는 **언제** 릴리스될까요? → 존이 업데이트가 **언제** 릴리스되는지 물어보았습니다.

- **Where** is the project documentation? → Kim asked **where** the project documentation was.

  프로젝트 문서는 **어디에** 있나요? → 킴이 프로젝트 문서가 **어디에** 있는지 물었습니다.

- **What** are the requirements for the new feature? → Jay asked **what** the requirements for the new feature were.

  새로운 기능에 대한 요구 사항은 **무엇인가요**? → 제이가 새로운 기능에 대한 요구 사항이 **무엇인지** 물어보았습니다.

- **How** did the system fail? → Tim asked **how** the system had failed.

  시스템 장애가 **어떻게** 났나요? → 팀이 시스템 장애가 **어떻게** 났는지 물어보았습니다.

- **Why** did you change the code? → My team leader asked me **why** I had changed the code.

  코드를 **왜** 변경했나요? → 팀장이 나에게 코드를 **왜** 변경했는지 물어보았습니다.

명령(지시 사항)에 대한 간접 화법

다른 사람에게 받은 명령(지시 사항)에 대해 간접 화법으로 말할 때는 asked 뒤에 to + 동사원형을 사용합니다.

- Please commit the code by tomorrow. → The leader developer **asked** me **to** commit the code by tomorrow.

  내일까지 코드를 커밋해 주세요. → 개발 팀장이 내일까지 코드를 커밋**하라**고 했습니다.

- You should document the process clearly. → The manager **asked** me **to** document the process clearly.

  과정을 명확하게 문서화하세요. → 매니저가 과정을 명확하게 문서화**하라**고 했습니다.

- You must review the changes before merging. → The team leader **asked** me **to** review the changes before merging.

  병합하기 전에 변경 사항을 검토해야 합니다. → 팀장은 병합하기 전에 변경 사항을 검토**하라**고 했습니다.

1.2.3 | 현재를 나타내는 문법

프로젝트 작업 결과와 진행 사항, 시스템과 애플리케이션 상태를 의미할 때는 주로 현재 완료형이나 현재 진행형 같은 시제를 사용합니다. 불확실한 상황을 의미할 때는 Might, May, Could 같은 조동사를 사용하고, 확실한 상황일 때는 Must와 Can't를 활용합니다.

작업 결과 말하기(현재 완료형)

작업 결과는 과거부터 현재까지 진행된 일의 결과를 의미하는 것입니다. 따라서 과거의 특정 시점만 강조하는 단순 과거형을 사용하기보다 현재 완료형을 사용하는 것이 적합합니다. 영어에서 현재 완료형은 과거의 행동이나 사건이 현재 상황에 미치는 영향에 중점을 둔 시제이기 때문입니다.

- I **have fixed** all the bugs in the system.
  시스템의 모든 버그를 **수정했습니다**.

- He **has identified** the security vulnerabilities in the latest version of the software.
  그는 소프트웨어의 최신 버전에서 보안 취약점을 **확인했습니다**.

- She **has finished** the code refactoring for the payment module.
  그녀는 결제 모듈에 대한 코드 리팩터링을 **마쳤습니다**.

- They **have** successfully **implemented** the new authentication system.
  그들은 새로운 인증 시스템을 성공적으로 **구현했습니다**.

- We **have completed** 80% of the development phase.
  우리는 개발 단계의 80%를 **완료했습니다**.

진척 사항 말하기(현재 진행형, 현재 완료 진행형)

진척 사항을 말할 때는 현재 진행형이나 현재 완료 진행형을 사용합니다. 현재 진행형은 작업이 지금도 진행 중이라는 의미를 강조할 때 쓰며, 현재 완료 진행형은 과거 특정 시점부터 현재까지 어느 정도 기간 동안 진행되고 있는지 말할 때 씁니다.

- We **are** still **working** on a new update.
  우리는 아직도 새로운 업데이트 **작업을** 진행 중입니다.

- I **am reviewing** the latest code changes.
  최근 코드 변경 사항을 **검토하고 있습니다.**

- They **have been collaborating** with the client **since last year**.
  그들은 **지난해부터** 그 클라이언트와 **협력해 왔습니다.**

- John **has been fixing** critical bugs **for the past two weeks**.
  존은 **지난 2주 동안** 중요한 버그를 수정해 **왔습니다.**

현재 상태나 가능성에 대해 말하기(조동사)

현재 상태나 어떤 일의 가능성을 말할 때는 Might, May, Could, Must, Can't 같은 조동사를 활용합니다. 앞서 미래의 불확실한 추측에서 사용했던 Might, May, Could는 현 상태에 대한 불확실성을 나타낼 때도 사용합니다.

- The system **might** need a reboot now.
  시스템 재부팅이 필요**할지도 모릅니다.**

- The code **may** need further optimization now.
  지금 그 코드에 추가적인 최적화가 필요**할지도 모릅니다.**

- The bug that caused the system failure **could** be in the payment module.
  시스템 장애를 일으킨 버그가 결제 모듈에 **있을 수 있습니다.**

현 상태에 대한 불확실성을 표현할 때 Might, May, Could 대신 Maybe + 현재 시제를 사용하여 표현할 수도 있습니다.

- **Maybe** the server **is** down right now.
  아마도 서버가 지금 다운되어 있을**지도 모릅니다**.

- **Maybe** they **are working** on the project.
  아마도 그들이 프로젝트를 진행 중일**지도 모릅니다**.

- **Maybe** the software update **is causing** the issue.
  소프트웨어 업데이트가 문제를 일으키고 있을**지도 모릅니다**.

Must는 의무를 나타낼 때 주로 사용하지만, 거의 99%의 확률로 확실하다는 의미를 말할 때도 사용합니다. 반대로 99%의 확률로 불가능하다고 생각되는 일에는 Can't를 사용합니다.

- There **must** be a syntax error in this line of code.
  이 코드 라인에 반드시 구문 오류가 **있을 것입니다**.

- The server **must** be down, as I am unable to connect to the database.
  데이터베이스에 접속할 수 없는 것을 보니, 서버가 다운되어 **있을 것입니다**.

- The code **can't** compile with these errors.
  이런 오류로 코드를 컴파일할 **수 없습니다**.

- The application **can't** access the database without the correct credentials.

  올바른 자격 증명 없이 애플리케이션은 데이터베이스에 액세스**할 수 없습니다.**

1.2.4 | 조건문과 가정법

영어 문법에는 조건문Conditional Sentences과 가정법Subjunctive Mood이 있습니다. 둘 다 기본적으로 if를 사용하기 때문에 비슷한 문법처럼 보입니다. 하지만 조건문은 특정 조건에서 일어날 결과에 초점을 둔 반면, 가정법은 현실과 다른 상황을 가정하여 어떤 의견이나 감정을 표현하는 문법이라는 점에서 차이가 있습니다.

프로그램 기능이나 동작 설명하기(조건문)

조건문은 특정 조건이 충족되면 어떤 결과가 발생한다는 것을 나타내는 문법입니다. 개발자 영어에서 조건문은 프로그램 기능이나 코드 동작 등을 설명할 때 주로 활용됩니다. 조건문 문장 구성은 if 절에 현재 시제를 사용하며, 주절에는 현재 또는 미래 시제를 사용합니다.

- If you **click** the 'Help' button, it **opens** the support documentation.

  '도움말' 버튼을 **클릭**하면, 지원 문서가 **열립니다.**

- If you **call** this function without parameters, it **returns** the default value.

  이 함수를 매개변수 없이 **호출**하면, 기본값을 **반환합니다.**

- If you **click** this button, you **will** see the login page.

  이 버튼을 클릭하면, 로그인 페이지를 볼 **수 있습니다.**

- If the file size **exceeds** 5MB, the upload **will** be rejected.

  파일 크기가 5MB를 **초과**하면, 업로드가 거부**될 것입니다.**

일상적이고 반복적인 사실에 대한 조건문을 쓸 때는 주절에 현재 시제를 사용합니다. 반면 특정 시점이나 상황에 일어날 결과를 나타낼 때는 미래 시제를 사용합니다.

- If you enter the correct password, the system **grants** access.

  올바른 비밀번호를 입력하면, 시스템이 접근을 **허용합니다.**

- If you enter the correct password, the system **will grant** access.

  올바른 비밀번호를 입력하면, 시스템이 접근을 **허용할 것입니다.**

예를 들어 앞의 예시처럼 조건문 주절에 현재 시제를 사용하면 "올바르게 비밀번호를 입력하면 시스템에 접근할 수 있습니다."라는 일반적인 내용을 의미합니다. 반면 조건문 주절에 미래 시제를 사용하면 "지금 비밀번호를 제대로 입력해야 시스템에 접속할 수 있을 것입니다."라는 의미입니다. 즉, 동료 개발자가 비밀번호를 계속 틀리는 상황에서 이런 표현을 쓸 수 있습니다.

조건문 주절의 시제는 혼용해도 의미 전달에는 큰 문제없지만, 원어민 입장에서는 뉘앙스 차이가 있을 수 있다는 점을 알아야 합니다.

프로젝트에서 문제가 발생할 때 쓰는 표현(가정법)

가정법은 과거, 현재, 미래에 대해 다른 상황을 가정하여 화자의 의견이나 감정을 표현하는 문법입니다. 예를 들어 "~하면 ~하게 될 것입니다."라고 하거나 프로젝트에 문제가 생겼을 때 "그때 ~했더라면 ~되었을 것입니다."처럼 어떤 의견을 말할 때 사용합니다.

가정법에서 현재나 미래 상황을 말할 때는 if 절에 과거 시제를 쓰고, 주절에는 조동사 would, could를 씁니다.

- If we **used** a more efficient algorithm, we **would** save processing time.
  더 효율적인 알고리즘을 **사용하면**, 처리 시간을 절약할 **수 있습니다**.

- If we **integrated** the latest update, the system **could** be more secure.
  최신 업데이트를 **통합하면**, 시스템이 더 안전해질 **수 있을 것입니다**.

이미 지나간 과거 일을 말할 때는 if 절에 과거 완료 시제를 쓰고, 주절에는 would/could + have + 과거분사(p.p.)를 사용합니다.

- If we **had backed up** the data, we **wouldn't have lost** everything.
  데이터를 **백업했다면**, 모든 것을 잃지 **않았을 것입니다**.

- If we **had detected** the bug earlier, we **could have prevented** the system crash.
  버그를 더 일찍 **감지했다면**, 시스템 충돌을 막을 수 있었을 것입니다.

조건문과 가정법의 분류

영어 문법에서 조건문과 가정법을 분류하는 방식에는 여러 가지가 있습니다. 보통 조건문은 0형식, 1형식, 2형식, 3형식으로 구분하고, 가정법은 가정법 현재, 가정법 미래, 가정법 과거, 가정법 과거 완료로 구분합니다. 이 중에서 조건문 2형식과 3형식이 가정법 과거와 가정법 과거 완료와 거의 비슷하기 때문에 두 문법을 헷갈릴 때가 많습니다.

일반적인 영어를 공부하는 것이라면 모든 종류의 조건문과 가정법 문법을 자세히 공부하면 좋을 것입니다. 다만 개발 실무에서는 간단하게 조건문과 가정법의 구분만 알아도 메시지를 전달하는 데 문제없습니다.

1.2.5 | 비교급과 최상급

개발자 영어에서 비교급Comparative과 최상급Superlative은 코드 성능을 비교하거나 알고리즘 시간 복잡도 등을 평가할 때 주로 활용됩니다. 비교급과 최상급 표현은 형용사의 음절 수에 따라 다르게 표현됩니다. 여기에서 음절 수란 단어 안에 들어 있는 a, e, i, o, u 같은 모음 개수를 의미합니다. 비교급에서는 than을 사용하여 두 개체나 상황을 비교하고, 최상급에서는 앞에 정관사 the를 붙입니다.

1음절 형용사

1음절 형용사는 비교급과 최상급을 만들 때 −er과 −est를 단어 끝에 붙입니다. 형용사가 −e로 끝나면 e가 중복되지 않도록 −r과 −st를 붙입니다(예 safer, safest). 모음 + 자음으로 끝나면 자음을 한 번 더 넣고 −er과 −est를 붙여 줍니다(예 bigger, biggest).

▼ **표 1-10** 1음절 형용사 비교급/최상급

단어	비교급	최상급	뜻	단어	비교급	최상급	뜻
Big	Bigger	Biggest	큰	Old	Older	Oldest	오래된
Bold	Bolder	Boldest	대담한	Quick	Quicker	Quickest	빠른
Bright	Brighter	Brightest	밝은	Raw	Rawer	Rawest	날 것의
Broad	Broader	Broadest	넓은	Rich	Richer	Richest	풍부한
Clear	Clearer	Clearest	명확한	Rough	Rougher	Roughest	거친
Cold	Colder	Coldest	차가운	Safe	Safer	Safest	안전한
Dark	Darker	Darkest	어두운	Sharp	Sharper	Sharpest	날카로운
Deep	Deeper	Deepest	깊은	Short	Shorter	Shortest	짧은
Dry	Drier	Driest	건조한	Slim	Slimmer	Slimmest	날씬한
Dull	Duller	Dullest	무딘	Slow	Slower	Slowest	느린
Fast	Faster	Fastest	빠른	Small	Smaller	Smallest	작은
Firm	Firmer	Firmest	단단한	Smart	Smarter	Smartest	영리한
Flat	Flatter	Flattest	평평한	Smooth	Smoother	Smoothest	부드러운
Free	Freer	Freest	자유로운	Soft	Softer	Softest	부드러운
Full	Fuller	Fullest	가득 찬	Strong	Stronger	Strongest	강한
Hard	Harder	Hardest	어려운	Tall	Taller	Tallest	키가 큰
High	Higher	Highest	높은	Thin	Thinner	Thinnest	얇은
Hot	Hotter	Hottest	뜨거운	Tight	Tighter	Tightest	꽉 끼는
Late	Later	Latest	늦은	Tough	Tougher	Toughest	튼튼한
Light	Lighter	Lightest	가벼운	Vast	Vaster	Vastest	광대한
Long	Longer	Longest	긴	Warm	Warmer	Warmest	따뜻한

❍ 계속

단어	비교급	최상급	뜻	단어	비교급	최상급	뜻
Low	Lower	Lowest	낮은	Weak	Weaker	Weakest	약한
Neat	Neater	Neatest	깔끔한	Wet	Wetter	Wettest	젖은
New	Newer	Newest	새로운	Wide	Wider	Widest	넓은

- This code is **faster than** the previous version.

  이 코드는 이전 버전**보다 더 빠릅니다**.

- Among all the algorithms we tested, this one has **the fastest** execution time.

  우리가 테스트한 모든 알고리즘 중에서, 이 알고리즘이 실행 시간이 **가장 빠릅니다**.

- The latest update is **safer than** the previous release.

  최신 업데이트는 이전 릴리스**보다 더 안전합니다**.

- This encryption method is considered **the safest** in the industry.

  이 암호화 방법이 업계에서 **가장 안전한 것**으로 여겨지고 있습니다.

- (사역동사 make 사용) Using this library makes the application **bigger** in size.

  이 라이브러리를 사용하면 애플리케이션 크기가 **더 커집니다**.

- Among all the servers in our data center, this one has **the biggest** storage capacity.

  우리 데이터 센터의 모든 서버 중에서, 이 서버가 저장 용량이 **가장 큽니다**.

2·3음절 형용사

2음절이나 3음절 이상 형용사는 비교급과 최상급을 만들 때 more와 the most를 단어 앞에 붙입니다. 다만 2음절 형용사 중에는 관습적으로 -er과 -est를 붙여서 사용하는 단어들이 있습니다. 이런 예외적인 2음절 단어는 따로 외우면 좋겠지만, 헷갈린다면 그냥 more와 most를 사용해도 큰 문제없습니다.

▼ 표 1-11 2·3음절 형용사 비교급/최상급 표현

단어	비교급	최상급	뜻	단어	비교급	최상급	뜻
Active	More Active	Most Active	활발한	Local	More Local	Most Local	지역의
Agile	More Agile	Most Agile	민첩한	Lucky	Luckier	Luckiest	행운의
Basic	More Basic	Most Basic	기본의	Modern	More Modern	Most Modern	현대의
Busy	Busier	Busiest	바쁜	Noisy	Noisier	Noisiest	시끄러운
Casual	More Casual	Most Casual	캐주얼한	Narrow	Narrower	Narrowest	좁은
Clever	Cleverer	Cleverest	영리한	Open	More Open	Most Open	열린
Closed	More Closed	Most Closed	닫힌	Outer	More Outer	Most Outer	외부의
Complex	More Complex	Most Complex	복잡한	Passive	More Passive	Most Passive	수동적인
Dynamic	More Dynamic	Most Dynamic	동적인	Polite	More Polite	Most Polite	예의 바른
Early	Earlier	Earliest	이른	Private	More Private	Most Private	사적인

○ 계속

단어	비교급	최상급	뜻	단어	비교급	최상급	뜻
Empty	Emptier	Emptiest	빈	Public	More Public	Most Public	공공의
Final	More Final	Most Final	최종의	Quiet	Quieter	Quietest	조용한
Formal	More Formal	Most Formal	공식적인	Remote	More Remote	Most Remote	원격의
Global	More Global	Most Global	전 세계의	Secure	More Secure	Most Secure	안전한
Happy	Happier	Happiest	행복한	Shiny	Shinier	Shiniest	빛나는
Healthy	Healthier	Healthiest	건강한	Simple	Simpler	Simplest	단순한
Heavy	Heavier	Heaviest	무거운	Social	More Social	Most Social	사회의
Honest	More Honest	Most Honest	정직한	Stable	More Stable	Most Stable	안정된
Humble	Humbler	Humblest	겸손한	Static	More Static	Most Static	정적인
Inner	More Inner	Most Inner	내부의	Tired	More Tired	Most Tired	피곤한
Initial	More Initial	Most Initial	초기의	Valid	More Valid	Most Valid	유효한
Invalid	More Invalid	Most Invalid	무효한	Virtual	More Virtual	Most Virtual	가상의

- The new version of the software is **more complex** than the previous one.

  소프트웨어의 새 버전은 이전 버전보다 **더 복잡합니다.**

- This code is **the most complex** code I have ever written.

  이 코드는 지금까지 내가 작성한 코드 중 **가장 복잡한** 코드입니다.

- The user interface in the latest update is **simpler** than the previous one.

  최신 업데이트의 사용자 인터페이스는 이전 버전보다 **더 단순합니다**.

- Among all the solutions presented, this one is **the simplest**.

  제시된 모든 솔루션 중에서, 이것이 **가장 단순합니다**.

- The new version of the application has a **more basic** interface.

  애플리케이션의 새 버전은 **더 기본적인** 인터페이스를 가지고 있습니다.

- Among all the lessons, the variables are the **most basic** part for beginners.

  모든 수업 중에서, 변수는 초보자에게 **가장 기본적인** 부분입니다.

불규칙 형용사

비교급과 최상급을 만들 때 규칙을 따르지 않는 형용사가 있습니다. 대표적으로 good, bad가 있습니다. 이런 불규칙 형용사는 비교급과 최상급을 따로 암기해야 합니다.

▼ 표 1-12 불규칙 형용사 비교급, 최상급 표현

단어	비교급	최상급	뜻
Good	Better	Best	좋은
Bad	Worse	Worst	나쁜

○ 계속

단어	비교급	최상급	뜻
Little	Less	Least	작은/적은
Much/Many	More	Most	많은

- This code is **better than** the previous version, but it's not the best solution yet.
  이 코드는 이전 버전**보다 좋**지만, 아직 최선의 해결책은 아닙니다.

- **The best** programmers follow good coding standards.
  최고의 프로그래머들은 좋은 코딩 표준을 따릅니다.

- The performance of the new update is **worse than** the previous version, causing delays.
  새로운 업데이트의 성능은 이전 버전**보다 나빠져**, 지연되고 있습니다.

- **The worst** bugs are often caused by bad design decisions.
  최악의 버그는 종종 잘못된 디자인 결정에서 비롯됩니다.

> **NOTE** the 비교급, the 비교급 용법
>
> **the 비교급, the 비교급** 용법은 자주 나오는 영어 표현입니다. **~할수록 더 ~하다**는 뜻으로 사용되며, 두 구문 사이의 원인과 결과 관계를 설명할 때 유용한 표현입니다. 문장을 만들 때 the 비교급 뒤에 주어 동사를 붙이거나 생략하기도 합니다.
>
> - **The more** you practice, **the better** you become.
>   연습할수록, 능력이 향상됩니다.
>
> - **The more complex** (it is), **the worse** (it is).
>   더 복잡할수록, 더 안 좋습니다.

원급 비교 표현(as ~ as)

비교급과 최상급은 어떤 것이 다른 것보다 우월하거나 열등하다는 것을 나타냅니다. 반면 원급 비교는 어떤 것이 다른 것과 동등하다는 것을 나타낼 때 씁니다. 원급 비교는 보통 **as + 형용사/부사 + as**를 사용합니다.

- This algorithm is **as efficient as** the previous one.
  이 알고리즘은 이전 **것만큼** 효율적입니다.

- The load time of this webpage is **as fast as** the competitor's webpage.
  이 웹 페이지의 로딩 시간은 경쟁사의 웹 페이지**만큼 빠릅니다.**

1.2.6 | 수동태

영어 문장은 능동태Active Voice와 수동태Passive Voice로 나뉩니다. 능동태는 행위 주체에 중점을 둔 문법이며, 우리가 지금까지 살펴본 문장은 대부분 능동태입니다. 반면 수동태는 행위 주체보다 행위 그 자체 또는 그에 따른 결과에 중점을 둔 문법을 의미합니다.

- (능동태) The programmer wrote the code.
- (수동태) The code was written by the programmer.

수동태 쓰임

능동태는 일상적인 대화와 글에서 자주 사용되는 반면, 수동태는 과학, 비즈니스 문서 같은 공식적인 문서에서 주로 사용됩니다. 개발자 영어에서도 수동태는 행위 주체가 알려지지 않았거나 언급하는 것이 중요하지 않은 경우 행위 주체를 생략할 수 있기 때문에 기술 문서나 공식적인 표현에서 자주 사용됩니다.

- (능동태) **He** developed the software last month.
  그가 소프트웨어를 지난달에 개발했습니다.

- (수동태) The software was developed (**by him**) last month.
  소프트웨어는 지난달에 개발되었습니다.

앞의 예시처럼 능동태에서 행위 주체를 표현하는 He는 생략할 수 없지만, 수동태에서는 by him을 생략할 수 있습니다.

수동태 만들기

수동태를 만들려면 능동태의 목적어를 주어 자리에 위치시키고, 주어는 by를 붙여 목적어 자리에 배치합니다. 동사는 능동태 동사에 be 동사를 붙이고 능동태 시제와 일치시킵니다.

- **현재 시제(일반적인 사실)**
  Developers **write** code. → Code **is written** by developers.
  개발자가 코드를 **작성합니다**. → 코드는 개발자가 **작성합니다**.

- **과거 시제(특정 시점의 과거)**
  The team **launched** the software last year. → The software **was launched** (by the team) last year.
  팀이 소프트웨어를 작년에 **출시했습니다**. → 소프트웨어는 작년에 **출시되었습니다**.

- **미래 시제(특정 시점의 미래)**

  We **will upgrade** the system next month. → The system **will be upgraded** (by us) next month.

  우리는 다음 달에 시스템을 **업그레이드할 것입니다**. → 시스템은 다음 달에 **업그레이드될 것입니다**.

- **현재 완료 시제(이미 완료된 일)**

  She has just **completed** the task. → The task **has** just **been completed** (by her).

  그녀는 작업을 방금 **끝냈습니다**. → 작업은 방금 **끝났습니다**.

- **과거 완료 시제(특정 과거 시점에 이미 완료된 일)**

  They **had** already **tested** the software before release. → The software **had** already **been tested** (by them) before release.

  그들은 출시 전에 이미 소프트웨어를 **테스트했습니다**. → 소프트웨어는 출시 전에 이미 **테스트되었습니다**.

- **미래 완료 시제(특정 미래 시점에 완료될 일)**

  They **will have finished** the project by the end of the year. → The project **will have been finished** (by them) by the end of the year.

  그들은 연말까지 프로젝트를 **완료할 것입니다**. → 프로젝트는 연말까지 **완료될 것입니다**.

- **현재 진행 시제(이미 진행 중인 일)**

  He **is developing** a new feature. → A new feature **is being developed** (by him).

  그는 새 기능을 **개발 중입니다**. → 새 기능이 **개발되고 있습니다**.

- **과거 진행 시제(특정 과거 시점에 이미 진행 중인 일)**

The engineers **were optimizing** the algorithm last month. → The algorithm **was being optimized** (by the engineers) last month.

엔지니어들이 지난달에 알고리즘을 **최적화하고 있었습니다.** → 알고리즘이 지난달에 **최적화되고 있었습니다.**

- **미래 진행 시제(특정 미래 시점에 진행 중일 일)**

They **will be testing** the software next week. → The software **will be being tested** (by them) next week.

그들은 다음 주에 소프트웨어를 **테스트할 것입니다.** → 소프트웨어는 다음 주에 **테스트될 것입니다.**

> **NOTE** **be 동사 대신 get을 사용한 수동태**
>
> 수동태는 be 대신 get을 사용하여 만들 수도 있습니다. get을 사용한 수동태는 상태 변화를 강조할 때 주로 사용되며 become을 의미하기도 합니다. get을 사용한 수동태는 보통 구어체에서 많이 사용됩니다.
>
> - (be 수동태) The application might **be tested** by the QA team.
>   애플리케이션은 QA 팀이 **테스트할** 것입니다.
>
> - (get 수동태) The application might **get tested** by the QA team.
>   애플리케이션은 QA 팀이 **테스트하게 될** 것입니다.
>
> 앞의 예시 문장에서 be 수동태는 QA 팀이 테스트할 것이라는 객관적인 내용을 말하는 반면, get 수동태는 이제부터 QA 팀에 의해 테스트하게 된다는 점을 강조하는 뉘앙스를 줍니다.

1.2.7 | 동명사와 to 부정사

영어 문법에서 동명사와 부정사는 비정형 동사로 분류되며 시제, 인칭, 수 등 문법적 제약을 받지 않습니다. 동명사와 부정사는 문장 안에서 주어, 목적어, 보어 등 다양한 역할을 하며 문장 의미를 풍부하게 만듭니다.

동명사 쓰임

동명사Gerund는 동사원형 + -ing 형태로 어떤 행동이나 상태를 명사로 표현하고자 할 때 사용합니다. 동명사는 명사이기 때문에 문장 안에서 주어, 목적어, 보어로 사용될 수 있습니다.

- (주어로 사용) **Building robust systems** is the primary objective.
  견고한 시스템을 구축하는 것이 주요 목표입니다.

- (목적어로 사용) I enjoy **coding** in Python.
  저는 파이썬으로 **코딩하는 것**을 즐깁니다.

- (보어로 사용) The first step is **understanding the project requirements**.
  첫 번째 단계는 **프로젝트 요구 사항을 이해하는 것**입니다.

to 부정사 쓰임

부정사Infinitive, 不定詞는 한자로 '정해져 있지 않은 말'을 의미합니다. 동명사는 품사가 명사로 정해져 있는 반면, 부정사는 품사가 정해져 있지 않아 명사, 형용사, 부사로 사용할 수 있습니다. 부정사는 to 부정사와 원형 부정사로 나뉘며, to 부정사는 to + 동사원형으로 씁니다.

- (명사로 사용) **To code efficiently** is my primary goal.
  효율적으로 코딩하는 것이 제 주요 목표입니다.

- (형용사로 사용) We have the tools **to debug the application**.
  우리는 **애플리케이션을 디버깅할** 툴을 가지고 있습니다.

- (부사로 사용) This tool is used **to automate** the testing process.
  이 툴은 테스팅 과정을 **자동화하는** 데 사용됩니다.

to 부정사는 동명사와 마찬가지로 명사로 활용될 때는 문장 안에서 주어, 목적어, 보어로 사용됩니다.

- (주어로 사용) **To create an efficient algorithm** requires deep understanding.
  효율적인 알고리즘을 만드는 것은 깊은 이해가 필요합니다.

- (목적어로 사용) My team decided **to adopt agile methodologies**.
  우리 팀은 **애자일 방법론 적용을** 결정했습니다.

- (보어로 사용) Her responsibility is **to manage the development team**.
  그녀의 책임은 **개발 팀을 관리하는 것입니다**.

동명사와 to 부정사 구분

동사 중에는 반드시 동명사가 목적어로 따라와야 하는 것이 있고, 반대로 to 부정사가 목적어로 따라와야 하는 것이 있습니다. 표 1-13과 표

1-14는 개발자 영어에서 자주 나오는 동사 중 동명사와 to 부정사를 구분해서 사용해야 하는 동사를 정리한 것입니다.

▼ 표 1-13 동명사를 목적어로 사용하는 동사

동사	뜻	동사	뜻	동사	뜻
admit	인정하다	endure	견디다	omit	생략하다
anticipate	예상하다	enjoy	즐기다	postpone	연기하다
appreciate	감사하다	excuse	용서하다	practice	연습하다
avoid	피하다	finish	끝내다	recall	회상하다
complete	완성하다	forgive	용서하다	recommend	추천하다
contemplate	심사숙고하다	imagine	상상하다	report	보고하다
consider	고려하다	justify	정당화하다	resist	저항하다
delay	지연시키다	keep	계속하다	resume	재개하다
deny	부인하다	mention	언급하다	risk	위험을 감수하다
discuss	논의하다	mind	신경 쓰다	suggest	제안하다
dread	무서워하다	miss	놓치다	understand	이해하다

▼ 표 1-14 to 부정사를 목적어로 사용하는 동사

동사	뜻	동사	뜻	동사	뜻
aim	목표하다	encourage	격려하다	permit	허락하다
allow	허용하다	expect	기대하다	persuade	설득하다
appear	나타나다	fail	실패하다	plan	계획하다
arrange	준비하다	force	강요하다	prepare	준비하다
ask	요청하다	guarantee	보장하다	pretend	척하다

⊙ 계속

동사	뜻	동사	뜻	동사	뜻
attempt	시도하다	help	돕다	promise	약속하다
beg	빌다	hesitate	망설이다	refuse	거부하다
care	신경 쓰다	hope	희망하다	remind	상기시키다
choose	선택하다	instruct	지시하다	require	요구하다
claim	주장하다	invite	초대하다	seem	~처럼 보이다
consent	동의하다	learn	배우다	teach	가르치다
dare	감히 ~하다	manage	다루다	tell	말하다
decide	결정하다	mean	의미하다	tend	~하는 경향이 있다
demand	요구하다	need	필요하다	threaten	위협하다
desire	바라다	offer	제안하다	want	원하다
enable	가능하게 하다	order	명령하다	wish	소원하다

to 부정사는 미래 지향적 의미고, 동명사는 과거부터 현재까지 의미입니다. 예를 들어 decide는 앞으로 일을 결정한다는 의미를 내포하고 있기 때문에 목적어로 미래 지향적 의미인 to 부정사를 붙입니다.

- **그녀는 가독성을 높이기 위해 코드 일부를 리팩터링할 것을 결정했다.**

  She decided **to refactor** some parts of code to enhance readability. (O)

  She decided **refactoring** some parts of code to enhance readability. (X)

반면 deny는 과거부터 현재까지 있었던 일을 거부한다는 의미이기 때문에 동명사를 목적어로 붙여야 합니다. deny 뒤에 to 부정사를 붙이면 앞으로 할 것을 부인했다는 의미가 되어 어색한 문장이 됩니다.

- 그는 적절한 권한 없이 사용자 데이터를 삭제한 것을 부인했다.

  He denied **deleting** the user's data without proper
  authorization. (O)

  He denied **to delete** the user's data without proper
  authorization. (X)

둘 다 목적어로 사용할 수 있는 동사

like, love, hate, prefer, continue처럼 동명사와 to 부정사를 모두 목적어로 받을 수 있는 동사도 있습니다. 보통 이런 동사는 지금도 그렇고 앞으로도 그렇다는 의미를 내포합니다.

- 그녀는 복잡한 문제를 디버깅하는 것을 좋아합니다.

  She likes **debugging** complex problems. (O)

  She likes **to debug** complex problems. (O)

- 조용한 환경에서 코딩하는 것을 선호합니다.

  I prefer **coding** in a quiet environment. (O)

  I prefer **to code** in a quiet environment. (O)

- 그는 프로젝트가 완료될 때까지 계속 작업을 할 것입니다.

  He will continue **working** on the project until completion. (O)

  He will continue **to work** on the project until completion. (O) stop, forget, try, quit처럼 동명사와 to 부정사를 모두 목적어로 받을 수 있지만 문장 의미가 달라지는 동사도 있습니다. 이런 동사를 사용할 때는 동명사와 to 부정사 구분에 주의해야 합니다.

- He stopped **to code**.
  그는 **코딩하려고** 멈추었습니다.

- He stopped **coding**.
  그는 **코딩하던 것을** 멈추었습니다.

- She forgot **to fix** the bug.
  그녀는 버그를 **고쳐야 하는 것을** 잊었습니다.

- She forgot **fixing** the bug.
  그녀는 (그녀가) 버그를 **고쳤던 것을** 잊었습니다.

1.2.8 | 전치사

영어 문법에서 전치사Preposition는 시간, 장소, 방향, 목적, 수단 등 관계를 설명하며, 문장의 구성 요소를 연결시키는 역할을 합니다.

- (시간) I will meet you **at** 5 o'clock.
  5시**에** 만나 뵙겠습니다.

- (장소) The book is **on** the table.
  책이 테이블**에** 있습니다.

- (방향) He went **to** the store.

  그는 가게로 갔습니다.

- (목적) I came here **for** a meeting.

  회의를 **위해서** 여기 왔습니다.

- (수단) They traveled **by** train.

  그들은 기차로 여행을 했습니다.

전치사 문법은 언뜻 쉬워 보이지만, 영어 문장을 만들 때 가장 헷갈리는 부분이기도 합니다. 특히 in과 on, for와 to, with와 by처럼 잘못 사용하면 문장 의미를 바꾸어 버리거나 어색하게 만드니 전치사를 사용할 때는 주의해야 합니다.

in과 on 구분

전치사 in은 어떤 물체나 개념의 내부를 나타내는 데 사용되며, on은 표면을 나타낼 때 사용됩니다. 언뜻 두 전치사는 차이가 분명해 보이지만, 언어의 개념 차이로 전치사 선택이 종종 잘못되곤 합니다. 개발자 영어에서도 in과 on을 잘못 사용하면 문장 의미가 달라지거나 표현이 어색하게 되는 경우가 있기 때문에 주의해야 합니다.

프로그래밍 언어를 말할 때는 in 사용

- **Java로 작업하고 있습니다.**

  I'm working **in** Java. (O)

  I'm working **on** Java. (X)

on을 쓰면 Java라는 특정 프로젝트에서 일하고 있다는 의미입니다. 따라서 이 경우에는 on보다 in을 사용하는 것이 적합합니다. 참고로 어떤 프로그래밍 언어로 작업한다는 표현을 말할 때 "I'm working with Java."와 같이 in 대신 with를 사용하기도 합니다.

운영체제를 말할 때는 on 사용

- **애플리케이션이 Windows 운영체제 위에서 실행됩니다.**

  The application runs **on** Windows. (O)

  The application runs **in** Windows. (X)

in을 쓰면 애플리케이션이 Windows라는 특정 창이나 환경 내에서 실행된다는 의미입니다.

코드나 코드 라인을 말할 때는 in 사용

- **코드에서 버그를 찾았습니다. 에러는 50번째 줄에서 일어났습니다.**

  I found a bug **in** the code. The error occurred **in** line 50. (O)

  I found a bug **on** the code. The error occurred **on** line 50. (X)

보통 on은 물리적 위치를 표현할 때 사용합니다. 예를 들어 "I found a bug on the table."이라고 하면 테이블 위에서 벌레를 발견했다는 의미입니다.

서버와 같은 물리적 장치에 저장될 때 on 사용

- **데이터는 서버에 저장됩니다.**

  The data is stored **on** the server. (O)

  The data is stored **in** the server. (X)

서버와 같은 물리적 장치에서는 on을 사용합니다.

for와 to 구분

for와 to도 문장에서 어떤 것을 선택해야 할지 헷갈리는 전치사입니다. 둘 다 '~을 위해'라는 목적의 의미를 내포하기 때문입니다. 다만 for는 목적 자체를 강조하거나 누군가를 대신한다는 의미를 내포한 반면, to는 목적을 향한 행위나 방향성에 대한 의미를 내포한다는 점에서 뉘앙스 차이가 있습니다. 개발자 영어에서도 메시지를 명확히 전달하려면 for와 to를 잘 구분해야 합니다.

명사에는 for 사용, 동사에는 to 사용

- **이 도구는 디버깅을 위해 사용됩니다.**

  This tool is used **for** debugging. (O)

  This tool is used **to** debugging. (X)

여기에서 to를 사용하려면 to debug로 고쳐야 올바른 문장이 됩니다.

- **데이터를 분석하기 위해 함수를 짜야 합니다.**

  I need to write a function **to** parse the data. (O)

  I need to write a function **for** parse the data. (X)

for를 사용하려면 for parsing the data로 고쳐야 올바른 문장이 됩니다.

적응한다는 것을 나타낼 때 to 사용

- **우리는 새로운 기술에 적응해야 합니다.**

  We need to adapt **to** the new technology. (O)

  We need to adapt **for** the new technology. (X)

adapt for도 가능하지만, 적응한다는 의미보다 무엇인가를 변경하거나 조정한다는 의미로 사용됩니다.

특정 대상을 위한 것을 나타낼 때 for 사용

- **이 튜토리얼은 초보자를 위해 설계되었습니다.**

  This tutorial is designed **for** beginners. (O)

  This tutorial is designed **to** beginners. (X)

designed to 다음에는 특정 목표를 달성하는 행동이나 방향성이 따라와야 합니다.

수신자(~에게)를 나타낼 때 to 사용

- **저에게 그것이 어떻게 동작하는지 설명해 주시겠습니까?**

  Can you explain **to** me how it works? (O)

  Can you explain **for** me how it works. (X)

for me라고 하면 "저를 대신해서 그것이 어떻게 동작하는지 설명해 주시겠습니까?"라는 의미입니다.

with와 by 구분

with와 by는 수단과 방법에 관련된 표현을 말할 때 헷갈리는 전치사입니다. with는 어떤 일을 수행하는 데 사용된 도구나 수단을 강조하는 반면, by는 행위의 수행 방법이나 행위자를 강조할 때 사용됩니다.

특정 도구를 사용한 경우

- **협업 도구를 사용하여 코드가 작성되었습니다.**

  The code was written **with** a collaborative tool. (O)

  The code was written **by** a collaborative tool. (X)

by를 쓰면 협업 도구 자체가 코드를 작성했다는 의미여서 의도와 다르게 전달될 수 있습니다.

특정 행위나 수단으로 처리한 경우

- **웹 사이트는 HTML과 CSS를 사용하여 만들어졌습니다.**

  The website was built **by** using HTML and CSS. (O)

  The website was built **with** using HTML and CSS. (X)

with도 어떤 도구나 수단을 나타내는 데 사용되지만, 이 경우 using이라는 동명사와 함께 사용하면 문장이 어색해집니다.

행위자를 나타내는 경우

- **그 프로그램은 개발자에 의해 만들어졌습니다.**

  The program was written **by** the developer. (O)

  The program was written **with** the developer. (X)

with를 사용하면 프로그램이 개발자와 함께 작성되었다는 의미로 문장이 모호해집니다.

1.2.9 | 관사

관사Article는 명사 앞에 사용되며, 종류로는 정관사Definite Article와 부정관사Indefinite Article가 있습니다. 관사는 명사가 셀 수 있는 명사인지, 특정한 명사인지 구별하게 해 줍니다. 문법적으로 사소해 보일 수 있으나, 관사를 잘못 사용하면 표현이 어색해지거나 문장 의미가 왜곡될 수 있으니 주의해야 합니다.

정관사 the와 부정관사 a, an

정관사 the는 특정한 대상을 가리킬 때 사용하는 관사입니다. 셀 수 있는 명사, 셀 수 없는 명사, 단수, 복수 구분 없이 명사 앞에 붙일 수 있습니다. 명사의 발음이 a, e, i, o, u 등 모음으로 시작하면 '디'로 발음하며, 그렇지 않으면 보통 '더'로 발음합니다.

- **The** server is down, so the website is not accessible now.

  (그) 서버가 다운되어서, 현재 웹 사이트에 접속할 수 없습니다.

- I have a problem in the code. Can you solve **the** problem for me?

  코드에 문제가 있습니다. 그 문제를 해결해 주시겠습니까?

부정관사 a는 셀 수 있는 명사 중 단수 명사Singular Noun 앞에 씁니다. 명사의 발음이 모음으로 시작되면 a 대신 an을 붙입니다. 참고로 부정관사에서 부정不定은 정해지지 않았다는 뜻입니다. 따라서 화자가 서로 알고 있거나 정해진 대상에는 정관사를 사용하고, 그렇지 않은 일반적인 대상에는 부정관사 a, an을 사용합니다.

- I found **a** solution to the problem.

  그 문제에 대한 해결책을 찾았습니다.

- She is **an** expert in artificial intelligence and machine learning.

  그녀는 인공 지능과 머신 러닝 전문가입니다.

관사를 반드시 쓰는 경우와 쓰지 않는 경우

영어 단어 중에는 표 1-15와 같이 **관습적으로** 정관사 the를 반드시 써야 할 때가 있습니다. 반면 표 1-16과 같이 관사를 쓰지 않는 단어도 있습니다. 이 부분은 따로 규칙이 있지 않기 때문에 별도로 **암기**해야 합니다.

▼ **표 1-15** 정관사 the를 반드시 쓰는 단어

구분	예
영화, 신문 등 제목	the Matrix, the New York Times
일부 강, 바다, 산맥 등 지명	the Amazon River, the Indian Ocean, the Alps

◎ 계속

구분	예
유일한 대상	the Sun, the Moon, the world, the Internet, the Universe
순서를 나타내는 수사	the first person, the second chapter, the third place
특정 직업이나 직위	the president, the CEO, the CTO, the manager
일부 국가 이름	the USA, the UK, the Netherlands, the Philippines
특정한 그룹이나 집합	the rich, the elderly, the majority
악기를 연주할 때	play the piano, play the guitar, play the drums
특정 시간대나 위치	in the morning, at the top, in the end, on the right

- He was **the** first person to introduce agile methodologies in software development in **the** USA.

  그는 미국에서 소프트웨어 개발에 애자일 방법론을 처음으로 도입한 사람이었습니다.

- **The** president of the software company holds a meeting with the developers in **the** morning.

  그 소프트웨어 회사의 대표는 개발자들과 아침에 회의를 갖습니다.

▼ 표 1-16 관사를 쓰지 않는 단어

구분	예
일반적인 명사	Happiness, Freedom, Justice, Love, Wisdom
고유 명사	Bill Gates, Paris, Microsoft
식사와 관련된 명사	breakfast, lunch, dinner
학교, 대학, 교회, 병원	school, university, church, hospital

● 계속

구분	예
불가산 명사	code, information, software, advice, knowledge
운송 수단	by train, by bus, by car
스포츠나 게임의 이름	tennis, soccer, League of Legends
언어 이름	English, Spanish, Korean

- The company believes that **happiness** among employees is crucial, so they provide free **breakfast** every day.

  회사는 직원들의 **행복**이 중요하다고 생각하기 때문에 매일 무료 **아침 식사**를 제공합니다.

- **Bill Gates** often emphasizes the importance of **information** technology in modern society.

  빌 게이츠는 종종 현대 사회에서 **정보** 기술의 중요성을 강조합니다.

가산 명사와 불가산 명사

부정관사 a, an은 셀 수 있는 명사에만 붙일 수 있습니다. 영어 문법에서 셀 수 있는 명사를 가산 명사Countable Noun라고 하며, 셀 수 없는 명사는 불가산 명사Uncountable Noun라고 합니다. 표 1-17과 표 1-18은 개발자 영어에서 자주 쓰는 가산 명사와 불가산 명사를 정리한 것입니다. 가산 명사와 불가산 명사의 개념도 한국어 문법에는 없기 때문에 따로 암기하거나 지속적으로 익혀서 감을 잡아야 합니다.

▼ **표 1-17** 개발자 영어에서 쓰는 가산 명사

단어	뜻	단어	뜻	단어	뜻
Algorithm	알고리즘	Endpoint	종단점	Package	패키지
Bug	버그	File	파일	Patch	패치
Cache	캐시	Framework	프레임워크	Plugin	플러그인
Class	클래스	Function	함수	Port	포트
Client	클라이언트	Instance	인스턴스	Query	쿼리
Command	명령어	Interface	인터페이스	Repository	저장소
Component	컴포넌트	Layer	레이어	Server	서버
Database	데이터베이스	Library	라이브러리	Socket	소켓
Device	장치	Module	모듈	Thread	스레드
Driver	드라이버	Object	객체	Token	토큰

- He developed **an algorithm** to optimize the search process.

  그는 검색 과정을 최적화하기 위한 **알고리즘을** 개발했습니다.

- The system stores frequently accessed data in multiple **caches** to improve performance.

  시스템은 성능을 향상시키기 위해 자주 접근하는 데이터를 여러 **캐시에** 저장합니다.

- The application retrieves information from **a database**.

  응용 프로그램은 **데이터베이스에서** 정보를 검색합니다.

- They chose **a framework** that supports both web and mobile platforms.

  그들은 웹과 모바일 플랫폼을 모두 지원하는 **프레임워크를** 선택했습니다.

- Developers can choose from a variety of **packages** to suit their project needs.

  개발자들은 프로젝트의 필요에 맞게 다양한 **패키지** 중에서 선택할 수 있습니다.

▼ **표 1-18** 개발자 영어에서 쓰는 불가산 명사

단어	뜻	단어	뜻	단어	뜻
Access	접근	Documentation	문서화	Performance	성능
Advice	조언	Feedback	피드백	Scalability	확장성
Bandwidth	대역폭	Firmware	펌웨어	Security	보안
Code	코드	Hardware	하드웨어	Software	소프트웨어
Compatibility	호환성	Hosting	호스팅	Spam	스팸 메일
Compliance	준수	Information	정보	Storage	저장 공간
Configuration	구성	Integration	통합	Syntax	문법
Connectivity	연결성	Knowledge	지식	Testing	테스팅
Content	콘텐츠	Licensing	라이선스	Traffic	트래픽
Data	데이터	Malware	악성 코드	Training	훈련, 교육
Debugging	디버깅	Optimization	최적화	Usability	사용성

- She spent the whole night writing **code** for the new feature.

  그녀는 새로운 기능을 위한 **코드**를 작성하기 위해 밤새도록 보냈습니다.

- The system processes large amounts of **data** every day.

  시스템은 매일 대량의 **데이터**를 처리합니다.

- The team is collecting **feedback** to make necessary adjustments.

  팀은 필요한 조정을 하기 위해 **피드백**을 수집하고 있습니다.

- They need more **information** to complete the analysis.

  분석을 완료하기 위해 그들은 더 많은 **정보가** 필요합니다.

- The company has developed a lot of **software** for financial institutions.

  회사는 금융 기관을 위해 많은 **소프트웨어**를 개발해 왔습니다.

1.3 개발자 영어 학습 팁

지금까지 개발자 영어 공부를 본격적으로 시작하기 전에 필요한 기초적인 단어와 발음, 문법을 살펴보았습니다. 사실 이런 기초적인 부분은 학창 시절에 대부분 배웠던 내용입니다. 다만 반복해서 사용하지 않았기 때문에 잘 기억나지 않을 뿐입니다. 이 절에서는 앞서 살펴본 기초를 토대로 어떻게 개발자 영어를 학습해 나가야 할지 몇 가지 팁을 정리했습니다.

1.3.1 | 개발자 영어 읽기 & 듣기 연습

영어 읽기와 듣기는 입력Input을 늘리는 연습입니다. 따라서 최대한 많이 읽고, 꾸준히 듣는 것을 목표로 하면 좋습니다. 하지만 아무 글이나 오디오, 영상을 보고 듣는 것은 개발자 영어 실력을 향상시키는 데 큰 도움이 되지 않습니다. 예를 들어 〈프렌즈〉 같은 미드를 보는 것을 들 수 있습니다. 따라서 어느 정도 영어 기초가 되었다면 이제 영어 공부를 하는 이유와 목표를 확실히 설정하고 그에 맞는 영어 연습을 반복하면 좋습니다.

기술 블로그 읽기

개발자 영어에서 기술 블로그 읽기는 가장 기본이 되는 공부 방법입니다. 물론 처음부터 영문으로 된 기술 블로그를 읽는 것이 쉬운 일은 아닙니다. 하지만 다른 개발자들이 사용하는 영어 단어와 표현을 꾸준히 익히면 개발 관련 문서를 속독할 수 있는 능력을 키울 수 있습니다.

영문 기술 블로그 읽기를 어떻게 시작할지 모르겠다면 다음 그림에서 볼 수 있는 Dev Community를 추천합니다. Dev Community에서는 주로 다루는 프로그래밍 언어나 기술 영역(예 프런트엔드, 백엔드 등)의 태그를 설정할 수 있으며, 관심 있는 주제의 글을 편리하게 찾아 읽을 수 있습니다.

▼ 그림 1-2 Dev Community Reading List

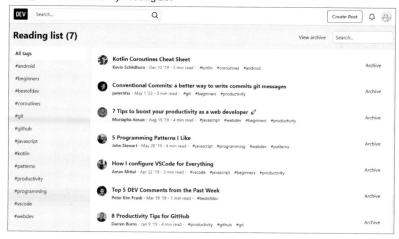

개발자 팟캐스트 듣기

영어 읽기와 마찬가지로 영어 듣기도 개발 관련 콘텐츠로 연습하면 좋습니다. 특히 다음 그림에서 ChangeLog나 SyntaxFM 같은 개발자 팟캐스트는 해외 개발자들이 실제로 사용하는 영어를 들을 수 있으며, 잘 들리지 않는 부분은 Transcript로 확인할 수 있습니다.

▼ 그림 1-3 ChangeLog, SyntaxFM 팟캐스트

▼ **그림 1-3** ChangeLog, SyntaxFM 팟캐스트(계속)

유튜브에도 듣기 연습을 할 수 있는 IT 개발 관련 영상이 많습니다. 다만 유튜브는 자칫 다른 영상으로 빠질 수도 있기 때문에 영어 듣기에 조금 더 집중하고 싶다면 개발자 팟캐스트를 듣길 추천합니다.

1.3.2 | 개발자 영어 쓰기 & 말하기 연습

영어 읽기와 듣기는 수동적인 영어 연습입니다. 따라서 아무리 영어 읽기와 듣기를 많이 해도 영어 실력을 끌어올리는 데는 한계가 있습니다. 결국 해외 개발자 취업을 목표로 하는 수준까지 올라가려면 영어 쓰기와 말하기 연습을 반드시 해야 합니다.

AI를 활용한 영어 쓰기 연습

영어 작문에서 가장 중요한 부분은 피드백feedback입니다. 아무리 혼자서 영어 작문 연습을 많이 해도 잘못된 부분을 고쳐 주는 사람이 없으면 실력을 늘리는 데 한계가 있습니다. 예전에는 비싼 비용을 들여서 학원 강사나 원어민에게 피드백을 받았지만, 최근에는 Grammarly라는 영어 작문 교정 프로그램과 ChatGPT 같은 AI 서비스를 이용하여 저렴하고 간편하게 영어 작문에 대한 피드백을 받을 수 있습니다(그림 1-4 참고).

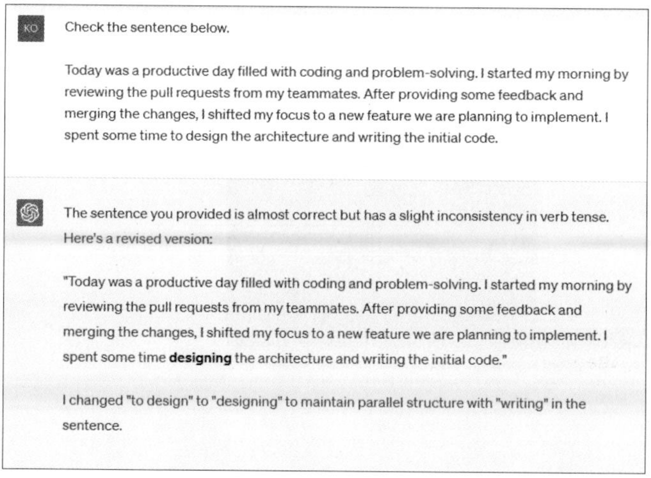

▼ 그림 1-4 ChatGPT로 영어 작문 피드백 받기

KO Check the sentence below.

Today was a productive day filled with coding and problem-solving. I started my morning by reviewing the pull requests from my teammates. After providing some feedback and merging the changes, I shifted my focus to a new feature we are planning to implement. I spent some time to design the architecture and writing the initial code.

The sentence you provided is almost correct but has a slight inconsistency in verb tense. Here's a revised version:

"Today was a productive day filled with coding and problem-solving. I started my morning by reviewing the pull requests from my teammates. After providing some feedback and merging the changes, I shifted my focus to a new feature we are planning to implement. I spent some time **designing** the architecture and writing the initial code."

I changed "to design" to "designing" to maintain parallel structure with "writing" in the sentence.

코드 설명하기 연습(Pramp 활용)

개발자는 기본적으로 자신의 코드를 설명할 수 있어야 합니다. 혼자서 코드를 설명하는 연습을 할 수도 있지만, 대화 상대방이 있는 것과 없는 것은 차이가 큽니다. 더욱이 코딩 인터뷰처럼 긴장되는 상황에서는 연습했던 것도 제대로 말하지 못할 때가 많습니다.

즉, 영어 말하기 연습을 제대로 하려면 대화 상대방이 반드시 있어야 하고, 실제로 코딩 인터뷰를 보는 것과 동일한 환경에서 연습하는 것이 좋습니다. 따라서 Pramp 같은 코딩 인터뷰 플랫폼을 적극적으로 활용하길 추천합니다. 특히 해외 개발자와 협업해야 하거나 해외 취업을 위한 면접을 앞두고 있다면 이런 플랫폼을 이용하여 충분한 영어 말하기 연습을 해야 합니다.

▼ 그림 1-5 Pramp를 활용한 영어 스피킹 연습(출처: https://www.pramp.com)

2

소프트웨어 개발 단계별 실무 영어

소프트웨어 개발 방법에는 여러 가지가 있지만 대체로 요구 사항 분석, 설계, 구현, 테스트, 배포, 유지 보수 단계를 거칩니다. 이런 과정을 소프트웨어 개발 생명 주기Software Development Life Cycle라고 하며, 줄여서 SDLC라고 합니다. 챕터 2에서는 각 소프트웨어 개발 단계에서 자주 사용되는 용어를 알아보고, 실제 업무에서 활용할 수 있는 영어 표현을 학습해 보겠습니다.

2.1 요구 사항 분석 단계

요구 사항 분석 단계Requirement Analysis Phase에서는 사용자, 클라이언트, 그 외 각종 이해 당사자에게 소프트웨어에 대한 요구 사항을 수집하여 이를 분석합니다. 요구 사항 수집은 인터뷰, 설문, 브레인스토밍, 사용자 관찰 같은 방법으로 진행되며, 이렇게 수집된 요구 사항을 분석하여 각종 다이어그램을 포함한 요구 사항 명세서Software Requirement Specification, SRS를 작성합니다. 또한 요구 사항 분석 전후 또는 진행 중에 전체 프로젝트 일정을 계획하고 잠재적인 위험 요소를 파악하기도 합니다.

2.1.1 | 요구 사항 분석 단계의 실무 용어

요구 사항 분석 참여자

요구 사항을 분석할 때는 개발자를 비롯하여 프로젝트 매니저PM, 업무 분석가BA, 주제 전문가SME, 다른 조직이나 개발 팀, 클라이언트와 최종 사용자 등 각종 이해 당사자가 참여합니다. 다음은 요구 사항 분석 과정에서 각 참여자의 역할을 설명한 영어 문장입니다.

- **Developers** may participate in requirement analysis to provide technical insights.

  개발자는 테크니컬 인사이트를 제공하기 위해 요구 사항 분석에 참여하기도 합니다.

- **The project manager** oversees the requirement analysis process to ensure the project's scope and timeline.

  프로젝트 매니저는 프로젝트의 범위와 일정을 보장하기 위해 요구 사항 분석 과정을 감독합니다.

- **Business analysts** gather and document requirements during the requirement analysis phase.

  업무 분석가는 요구 사항 분석 단계에서 요구 사항을 수집하고 문서화합니다.

- **Subject matter experts** provide their specialized knowledge to the requirement analysis process.

  주제 전문가는 요구 사항 분석 과정에 그들의 전문 지식을 제공합니다.

- **Operations teams** may participate in requirement analysis to assess the impact on existing systems and processes.

  운영 팀은 기존 시스템과 프로세스에 미치는 영향을 평가하기 위해 요구 사항 분석에 참여하기도 합니다.

- **Stakeholders**, including **clients** and **end-users**, are often involved in the requirement analysis to provide their opinions.

  고객과 **최종 사용자**를 포함한 **이해 당사자**는, 그들의 의견을 제공하기 위해 종종 요구 사항 분석에 참여합니다.

요구 사항 분석의 문서 종류

요구 사항 분석 단계에서 작성하는 문서는 크게 기능 요구 사항 명세서와 비기능 요구 사항 명세서로 나눌 수 있습니다. 기능 요구 사항 명세서는 소프트웨어 기능에 대한 요구 사항을 정리한 문서이며, 비기능 요구 사항 명세서는 성능, 인터페이스, 보안, 유지 보수 같은 비기능적인 요구 사항을 정리한 문서입니다. 이외에도 유스 케이스로 요구 사항을 정리한 유스 케이스 명세서와 애자일Agile 방법론에서 자주 사용되는 유저 스토리 같은 문서가 있습니다.

- Functional Requirement Specification 기능 요구 사항 명세서
- Non-Functional Requirement Specification 비기능 요구 사항 명세서
- Use Case Specification 유스 케이스 명세서
- User Stories 유저 스토리

UML 다이어그램 종류

요구 사항 분석에는 다양한 다이어그램이 활용됩니다. 주로 UML 다이어그램Unified Modeling Language Diagram을 활용하여 시스템 구조를 파악하고, 객체 간 상호 작용과 동작 프로세스를 시각적으로 표현합니다. UML 다이어그램은 종류가 다양하며, 구조 다이어그램과 행위 다이어그램으로 나눕니다.

구조 다이어그램(Structural Diagram)의 종류

- Class Diagram 클래스 다이어그램
- Object Diagram 객체 다이어그램
- Package Diagram 패키지 다이어그램
- Component Diagram 컴포넌트 다이어그램
- Deployment Diagram 배치 다이어그램

행위 다이어그램(Behavior Diagram)의 종류

- Sequence Diagram 시퀀스 다이어그램
- Use Case Diagram 유스 케이스 다이어그램
- Interaction Diagram 상호 작용 다이어그램
- Activity Diagram 활동 다이어그램
- State Machine Diagram 상태 머신 다이어그램
- Communication Diagram 커뮤니케이션 다이어그램

2.1.2 | 요구 사항 분석에서 개발자가 받는 질문

요구 사항 분석에서 개발자는 기술적으로 기능을 구현할 수 있는지, 기능을 구현하는 데 어떤 제약 사항이 있는지, 개발하는 데 얼마나 걸리는지, 보안이나 성능 등 시스템에 미칠 잠재적 위험이 있는지 등의 질문을 받습니다. 다음은 요구 사항 분석 과정에서 개발자가 받을 수 있는 영어 질문과 답변 예시입니다.

기능 구현의 가능성

- (질문) **Can** the proposed feature **be implemented** within the existing architecture?
  제안된 기능은 기존 아키텍처 내에서 **구현할 수 있나요?**

- (긍정적인 답변) Yes, the proposed feature **can be implemented** within the existing architecture with **minor modifications**.
  네, 제안된 기능은 **미미한 변경**으로 기존 아키텍처 내에 **구현할 수 있습니다.**

- (부정적인 답변) **I would say** the proposed feature **cannot be implemented** within the existing architecture without **major modifications**.
  말씀드리자면 제안된 기능은 기존 아키텍처 내에서 **중대한 변경** 없이는 **구현할 수 없을 것 같습니다.**

  • **(minor/major) modification** (미미한/중대한) 변경

영어에서 I would say는 부드럽게 자신의 의견을 제시할 때 사용하는 표현입니다. 줄여서 **I'd say**로 사용하기도 하며, 한국어로 번역하면 **말씀드리자면 ~인 것 같습니다**는 뜻입니다. 비슷한 뜻으로 **I think**를 사용하기도 하고, 조금 더 불확실성을 더하려고 **I guess**라는 표현을 쓰기도 합니다.

- **I'd say** that the project was a success.
  (말씀드리자면) 그 프로젝트는 성공적이었던 것 같습니다.

- **I think** it's going to rain tomorrow.
  (제 생각에는) 내일 비가 올 것 같아요.

- **I guess** I could finish the task by tomorrow.
  (아마도) 내일까지 그 작업을 끝낼 수 있을 것 같아요.

참고로 I think는 일상적인 대화에서 주로 사용합니다. 반면 I would say는 I think에 비해서 단순히 생각을 나타내기보다 조금 더 의견을 제시하는 뉘앙스를 주고 있습니다. 따라서 **전문가로 의견**을 제시하는 상황에서는 대체로 I think보다 I would say를 사용하는 것을 권장합니다. 다만 한국어와 마찬가지로 '~같습니다'는 표현을 남발하지 않도록 주의해야 합니다.

제약 사항 존재 여부

- (질문) What are the **technical constraints** for this project?

  이 프로젝트에는 어떤 **기술적 제약 사항**이 있나요?

- (긍정적인 답변) I would say there's no technical constraints for this project.

  말씀드리자면 이 프로젝트에는 기술적 제약 사항이 없는 것 같습니다.

- (부정적인 답변) Unfortunately, there are some technical constraints. Our current technology stack is **outdated** for effectively implementing the proposed features, and we also lack the necessary **storage capacity**.

유감스럽게도, 몇몇 기술적 제약 사항이 있습니다. 제안된 기능을 효과적으로 구현하기에 우리의 현재 기술 스택은 **구식**이고, 필요한 **저장 용량**도 부족합니다.

> • **outdated** 구식의(=out of date ↔ up to date: 최신의)

개발 기간 산정

- (질문) **How much time would it take** to develop this feature?
이 기능을 개발하는 데 **얼마나 시간이 걸릴까요?**

- (답변 예시 1) **It would take** approximately two weeks to develop the feature, given the current **workload**.
현재 **작업량**을 고려하면 그 기능을 개발하는 데는 대략 2주가 **걸릴 것입니다.**

- (답변 예시 2) The development time for this feature is hard to estimate without further analysis, but **a rough estimate** would be around a month.
이 기능에 대한 개발 시간은 추가 분석 없이 정확히 예측하기 어렵지만, **대략적인 예상**은 한 달 정도일 것입니다.

잠재적 위험 요소 점검

- (질문) Are there any **potential risks factors** such as security or performance concerns we should be aware of?

  우리가 알아야 할 보안이나 성능과 관련된 **잠재적인 위험 요소**가 있을까요?

- (긍정적인 답변) **When it comes to** security or performance, I'd say, there are no significant risk factors that we should be aware of at this time.

  보안이나 성능과 **관련하여**, 현재로는 우리가 알아야 할 중요한 위험 요소는 없는 것 같습니다.

- (부정적인 답변) **In terms of** potential risk factors, I'd say our current system has some **security vulnerabilities**, and we may also encounter **performance issues** with the proposed features.

  잠재적 위험 요소 **측면에서 말하자면**, 현재 시스템에는 일부 **보안 취약점**이 있고 제안된 기능에서도 **성능 문제**에 직면할 수 있는 것 같습니다.

> **NOTE** when it comes to와 in terms of 사용
>
> 영어 회화에서 **~에 대해 말하자면**, **~측면에서 말하자면**이라는 뜻으로 when it comes to와 in terms of가 많이 사용됩니다. 주로 어떤 주제를 설명하거나 특정 관점에서 무엇인가를 평가할 때 사용합니다. 이 표현을 모르면 실제 영어 회화에서 그 의미를 파악하기 어렵기 때문에 미리 익혀 두어야 합니다.
>
> **when it comes to + 명사**
>
> - **When it comes to** version control, Git is the **industry standard**.
>   버전 관리에 **대해 말하자면**, 깃이 **업계 표준**입니다.

○ 계속

- **When it comes to** front-end development, React has been gaining popularity.
  프런트엔드 개발에 **대해 말하자면**, 리액트가 인기를 얻고 있습니다.

- **When it comes to** DevOps, Jenkins is often used for continuous integration.
  데브옵스에 **대해 말하자면**, 젠킨스가 지속적인 통합을 위해 자주 사용됩니다.

in terms of + 명사

- **In terms of** performance, C++ is generally faster than Java.
  성능 **측면에서 말하자면**, C++는 대체로 자바보다 빠릅니다.

- **In terms of** usability, the new interface is much more **intuitive**.
  사용성 **측면에서 말하자면**, 새로운 인터페이스가 훨씬 더 **직관적입니다**.

- **In terms of** cost, open-source solutions are generally more **budget-friendly** than commercial solutions.
  비용 **측면에서 말하자면**, 일반적으로 오픈 소스 솔루션이 상용 솔루션보다 **저렴합니다**.

2.2 설계 단계

요구 사항 분석이 어느 정도 마무리되면 이제 설계 단계Design Phase로 넘어갑니다. 설계 단계에서는 요구 사항 분석에서 수집된 정보를 바탕으로 실제 프로그램을 구현할 수 있는 설계 문서를 작성합니다. 설계 단계의 주요 작업으로는 아키텍처 설계, UI/UX 설계, 데이터베이스 설계, API 설계 등이 있습니다.

2.2.1 | 설계 단계의 실무 용어

설계 단계 참여자

  설계 단계에서도 다양한 전문가와 이해 당사자가 참여하여 과정을 진행합니다. 개발자와 프로젝트 매니저를 비롯하여 소프트웨어 아키텍트$_{SWA}$, 데이터베이스 관리자$_{DBA}$, UI/UX 디자이너 등이 참여합니다.

- **Software Architects** define the overall structure of the software, including the choice of design patterns and the architectural style.
  소프트웨어 아키텍트는 디자인 패턴과 아키텍처 스타일 선택을 포함하여 소프트웨어 전체 구조를 정의합니다.

- **DBAs** are involved in designing the database schema, optimizing queries, and checking **data integrity**.
  데이터베이스 관리자는 데이터베이스 스키마 설계, 쿼리 최적화, **데이터 무결성**을 확인하는 작업에 참여합니다.

- **UI/UX designers** focus on the **user interface** and **user experience** aspects. They create wireframes, mockups, and prototypes to visualize how the end-user will interact with the system.
  UI/UX 디자이너는 **사용자 인터페이스**와 **사용자 경험** 측면에 중점을 둡니다. 그들은 최종 사용자가 시스템과 어떻게 상호 작용할지를 시각화하기 위해 와이어프레임, 목업, 프로토타입을 생성합니다.

설계 문서 종류

설계 단계에서는 요구 사항 분석에서 도출된 요구 사항 명세서를 바탕으로 다양한 설계 문서를 작성합니다. 설계 문서는 다음 단계인 구현, 테스트, 배포, 유지 보수에 필요한 정보를 기재하며, 다음과 같은 종류가 있습니다.

- Software Design Specification(SDS) 소프트웨어 설계 명세서
- System Architecture Design Documentation 시스템 아키텍처 설계서
- Wireframe & Storyboard 화면 설계서 & 스토리보드
- Database Design Documentation 데이터베이스 설계서
- Interface Design Documentation 인터페이스 설계서
- Test Plan Documentation 테스트 계획서

2.2.2 | 설계 단계에서 개발자가 받는 질문

설계 단계에서 개발자는 소프트웨어 기능뿐만 아니라 사용자 인터페이스, 데이터, 보안, 아키텍처 등 다양한 부분의 설계에 관여하게 됩니다. 규모가 큰 프로젝트에서는 각 분야의 전문가가 주도하여 설계를 진행하지만, 상대적으로 규모가 작은 프로젝트에서는 개발자가 이 모든 부분을 전담하기도 합니다. 다음은 개발자가 설계 단계에서 받을 수 있는 영어 질문 예시입니다.

기능 구현

- How will the **search functionality** be implemented?

  검색 기능은 어떻게 구현할 것인가요?

- How will the system support **multiple languages**?

  시스템은 **여러 언어**를 어떻게 지원할 것인가요?

- How will the system handle **real-time updates**?

  시스템은 **실시간 업데이트**를 어떻게 처리할 것인가요?

- What is the process for handling **large file uploads**?

  대용량 파일 업로드 처리 프로세스는 무엇인가요?

- How will the system **log** errors?

  시스템은 에러를 어떻게 **로깅**할 것인가요?

사용자 인터페이스(UI)

- How will the system handle **user input validation**?

  시스템은 **사용자 입력 검증**을 어떻게 처리할 것인가요?

- What is the user process for **password recovery**?

  비밀번호 복구에 대한 사용자 절차는 무엇인가요?

- How will the system manage **user sessions**?

  시스템은 **사용자 세션**을 어떻게 관리할 것인가요?

- How does the application handle **notifications**?

  애플리케이션은 **알림**을 어떻게 처리하나요?

데이터 처리

- How will the system handle **data concurrency** and **consistency**?

  시스템은 **데이터 동시성**과 **일관성**을 어떻게 처리할 것인가요?

- What is the **backup and recovery process** for user data?

  사용자 데이터에 대한 **백업과 복구 프로세스**는 무엇인가요?

- What is the strategy for **data synchronization** across multiple devices?

  여러 디바이스 간 **데이터 동기화** 전략은 무엇인가요?

- How will the system manage **data caching**?

  시스템은 **데이터 캐싱**을 어떻게 관리할 것인가요?

보안

- What **encryption methods** will be used?

  어떤 **암호화 방법**을 사용할 것인가요?

- How are you planning to manage **authentication** and **authorization**?

  인증과 **권한 부여**는 어떻게 관리할 계획인가요?

- How are you handling the risk of **SQL injection**?

  SQL 인젝션의 위험을 어떻게 처리할 것인가요?

- What measures are in place for **the user data protection**?

  사용자 데이터 보호를 위한 어떤 조치가 마련되어 있나요?

- What is the incident response plan for **security breaches**?

  보안 침입에 대한 사고 대응 계획은 무엇인가요?

아키텍처

- What **architectural pattern** are you planning to use for this project?

  이 프로젝트에 어떤 **아키텍처 패턴**을 사용할 계획인가요?

- Why did you choose **a microservices architecture** over **a monolithic** one?

  왜 **모놀리식** 대신 **마이크로서비스 아키텍처**를 선택했나요?

- How does this architecture support **scalability**?

  이 아키텍처는 어떻게 **확장성**을 지원하나요?

- How will be the system decoupled to ensure **modularity**?

  시스템은 **모듈성**을 보장하기 위해 어떻게 분리될 것인가요?

2.3 구현 단계

구현 단계Implement Phase는 실제 코드를 작성하여 시스템이나 애플리케이션을 구축하는 단계입니다. 개발자는 설계 문서와 코딩 가이드라인에 따라 프로그램을 개발하며, 규모가 큰 프로젝트에서는 여러 개발자가 동시에 작업하기도 합니다. 여러 개발자가 작업하는 경우에는 소스 코드를 분리하고 병합하는 버전 관리 툴을 사용합니다.

2.3.1 | 구현 단계의 실무 용어

구현 단계 작업

구현 단계에서는 코드 작성, 모듈 개발, 코드 리뷰, 리팩터링, 버전 관리, 문서화 같은 작업을 합니다. 구현 단계의 각 작업에 대한 영어 표현은 다음과 같습니다.

- **Code Writing**: Developers write the actual source code based on the design documents.

  코드 작성: 개발자는 설계 문서를 기반으로 실제 소스 코드를 작성합니다.

- **Module Development**: The application or system is broken down into smaller, manageable modules, which are developed individually.

  모듈 개발: 애플리케이션 또는 시스템은 더 작고 관리 가능한 모듈로 나뉘며, 이들은 개별적으로 개발됩니다.

- **Code Review**: Peer review is conducted to enhance code quality and **adhere to** coding standards.

  코드 리뷰: 코드 품질을 높이고 코드 표준을 **따르기 위해** 동료가 리뷰합니다.

  • **adhere to** (약속, 법, 질서 등을) 따르다, 지키다, 고수하다, (무엇인가에) 들러붙다

- **Refactoring**: To improve the efficiency and performance of the code, refactoring is performed.

  리팩터링: 코드의 효율성과 성능을 향상시키기 위해 리팩터링을 수행합니다.

- **Version Control**: Version control tools such as Git, SVN are used to manage the versions of the code.

  버전 관리: 코드 버전을 관리하기 위해 깃, SVN 등 버전 관리 도구가 사용됩니다.

- **Documentation**: Various types of documentation, such as technical specifications, API documentation, and user guides, are written.

  문서화: 기술 명세서, API 문서, 사용자 가이드 등 다양한 종류의 문서를 작성합니다.

코딩에서 자주 사용되는 영어 표현

코드를 작성할 때 변수를 선언하고, 조건문과 반복문을 만들고, 함수를 호출하고, 에러를 처리하는 등 작업을 합니다. 다음은 코딩할 때 사용되는 영어 표현입니다.

변수(Variables)

- Initialize a variable 변수를 초기화하다
- Declare a variable 변수를 선언하다
- Assign a value to a variable 변수에 값을 할당하다

- Cast a variable 변수를 형변환하다
- Increment a variable 변수를 증가시키다
- Decrement a variable 변수를 감소시키다
- Use a global variable 전역 변수를 사용하다
- Use a local variable 지역 변수를 사용하다
- Set a default value 기본값을 설정하다
- Unset a variable 변수를 해제하다

문자열(Strings)

- Concatenate strings 문자열을 연결하다
- Extract Substrings 부분 문자열을 추출하다
- Convert to uppercase 대문자로 변환하다
- Convert to lowercase 소문자로 변환하다
- Trim a string 문자열을 자르다
- Split a string 문자열을 분리하다
- Reverse a string 문자열을 뒤집다

함수(Functions)

- Call a function 함수를 호출하다
- Pass arguments to a function 함수에 인수를 전달하다
- Return a value from a function 함수에서 값을 반환하다
- Define a function 함수를 정의하다
- Invoke a callback function 콜백 함수를 호출하다
- Overload a function 함수를 오버로드하다

- Override a function 함수를 오버라이드하다
- Recursively call a function 함수를 재귀적으로 호출하다
- Set a default parameter 기본 매개변수를 설정하다
- Use an anonymous function 익명 함수를 사용하다

반복문(Loop Statements)

- Iterate over an array 배열을 순회하다
- Break out of a loop 루프를 빠져나오다
- Continue to the next iteration 다음 반복으로 계속하다
- Initialize a loop counter 루프 카운터를 초기화하다
- Check loop condition 루프 조건을 확인하다
- Use a for loop for 루프를 사용하다
- Use a while loop while 루프를 사용하다
- Use a do-while loop do-while 루프를 사용하다
- Nest loops 루프를 중첩하다

조건문(Conditional Statements)

- Check for equality 동등성을 검사하다
- Evaluate a condition 조건을 평가하다
- Execute an if-else block if-else 블록을 실행하다
- Negate a condition 조건을 부정하다
- Check for null or undefined null 또는 undefined를 확인하다
- Use a ternary operator 삼항 연산자를 사용하다
- Use a switch statement switch 문을 사용하다
- Fall through cases 케이스를 통과하다

데이터 구조(Data Structure)

- Initialize an array 배열을 초기화하다
- Insert into a list 리스트에 삽입하다
- Remove from a set 집합에서 제거하다
- Access an element 요소에 접근하다
- Sort an array 배열을 정렬하다
- Search an array 배열에서 검색하다
- Pop from a stack 스택에서 없애다
- Enqueue into a queue 큐에 넣다
- Dequeue from a queue 큐에서 빼다
- Traverse a linked list 연결 리스트를 순회하다

파일과 I/O(File and I/O)

- Read a file 파일을 읽다
- Write to a file 파일에 쓰다
- Open a file stream 파일 스트림을 열다
- Close a file stream 파일 스트림을 닫다
- Parse a JSON file JSON 파일을 파싱하다
- Serialize data 데이터를 직렬화하다
- Deserialize data 데이터를 역직렬화하다
- Read from a buffer 버퍼를 읽다
- Write to a buffer 버퍼에 쓰다
- Flush a buffer 버퍼를 비우다

디버깅과 에러 처리(Debugging and Error Handling)

- Debug the code 코드를 디버깅하다
- Use breakpoints 브레이크포인트를 사용하다
- Step through code 코드를 단계별로 실행하다
- Inspect variables 변수를 검사하다
- Analyze stack trace 스택 추적을 분석하다
- Profile code performance 코드 성능을 프로파일링하다
- Handle an error 에러를 처리하다
- Throw an exception 예외를 발생시키다
- Catch an exception 예외를 잡다
- Log an error message 에러 메시지를 로그에 남기다

2.3.2 | 깃 관련 영어 표현

깃 용어

깃Git은 현재 가장 많이 사용되고 있는 버전 관리 도구로, 변경 이력을 관리하고 코드 분리와 통합을 효율적으로 할 수 있게 도와줍니다. 다음 표는 깃 관련 용어를 정리한 것입니다.

▼ 표 2-1 깃 관련 용어

용어	설명
Repository	A location where code is stored and managed. 코드가 저장되고 관리되는 위치
Fork	Creating a copy of another repository to work on separately. 개별적으로 작업하기 위해 다른 저장소의 복사본을 생성하는 것

용어	설명
Clone Repository	Creating a copy of a remote repository on your local machine. 원격 저장소의 복사본을 로컬 머신에 생성하는 것
Staging	The process of preparing changes for a commit. 커밋을 위한 변경 사항을 준비하는 과정
Commit	Saving changes to the local repository. 로컬 저장소에 변경 사항을 저장하는 것
Push	Uploading local repository changes to a remote repository. 로컬 저장소의 변경 사항을 원격 저장소에 업로드하는 것
Pull	Downloading changes from a remote repository to your local repository. 원격 저장소의 변경 사항을 로컬 저장소에 다운로드하는 것
Pull Request	Requesting that your changes be merged into another branch. 변경 사항이 다른 브랜치로 병합되도록 요청하는 것
Fetch	Downloading changes from a remote repository without merging them. 병합 없이 원격 저장소의 변경 사항을 다운로드하는 것
Merge	Combining changes from different branches into a single branch. 다른 브랜치의 변경 사항을 하나의 브랜치로 병합하는 것
Branch	A separate line of development in a repository. 저장소 내에서 별도의 개발 라인
Checkout	Switching between different branches or versions in a repository. 저장소 내에서 다른 브랜치나 버전으로 전환하는 것
Conflict	An inconsistency between branches that needs to be resolved before merging. 병합하기 전에 해결해야 하는 브랜치 간 불일치
Fast-forward	A type of merge where the branch pointer moves forward to the latest commit. 브랜치 포인터가 최신 커밋으로 앞으로 이동하는 유형의 병합
Rebase	Moving or combining a sequence of commits to a new base commit. 일련의 커밋을 새로운 기반 커밋으로 이동하거나 결합하는 것

깃 영어 표현

브랜치, 커밋, 풀 리퀘스트 요청, 컨플릭트 해결, 저장소 관리 등 깃 버전 관리와 관련해서 개발자 간에 자주 사용되는 영어 표현은 다음과 같습니다. 참고로 영어 문법과 관련해서 어떤 일의 결과를 말할 때는 주로 현재 완료(have + p.p.) 시제를 사용하며, 정중하게 요청할 때는 Could you ~, Can you ~, Please를 붙여 줍니다.

브랜치 관련 표현(Branch-Related Expressions)

- **Could you create** a new branch for the bug fix?
  버그를 수정하는 새 브랜치를 **만들어 주시겠어요?**

- I **have created** a new branch for the bug fix.
  버그를 수정하는 새 브랜치를 **만들었습니다.**

- **Please pull** the latest changes from the main branch.
  메인 브랜치에서 최신 변경 사항을 **가져와 주세요.**

- **I've pushed** my changes to the feature branch.
  변경 사항을 기능 브랜치에 **푸시했습니다.**

- (수동태) The branch **has been deleted** after merging.
  병합 후 브랜치가 **삭제되었습니다.**

커밋 관련 표현(Commit-Related Expressions)

- I **have committed** the changes to my local repository.
  로컬 저장소에 변경 사항을 **커밋했어요.**

- The last commit has a typo. **Can you amend** it?

  마지막 커밋에 오타가 있어요. **수정할 수 있나요?**

- **I've reverted** the commit to fix the bug.

  버그를 수정하기 위해 커밋을 **되돌렸습니다.**

- **Could you squash** your commits before pushing?

  푸시하기 전에 커밋을 **스쿼시(병합)해 주시겠어요?**

- **I've squashed** multiple commits into one.

  여러 커밋을 하나로 **스쿼시(병합)했습니다.**

- The **commit history** is clean now.

  이제 **커밋 히스토리**가 깔끔하네요.

풀 리퀘스트 관련 표현(Pull Request-Related Expressions)

- **I have submitted a pull request** to merge the feature branch into the main branch.

  기능 브랜치를 메인 브랜치로 병합하는 **풀 리퀘스트를 제출했습니다.**

- **Could you review** my pull request before we merge it?

  병합하기 전에 제 풀 리퀘스트를 **리뷰해 주시겠어요?**

- **Please update** your pull request based on the feedback.

  피드백을 바탕으로 풀 리퀘스트를 **업데이트해 주세요.**

- **I've updated** the pull request based on the feedback.

  피드백을 바탕으로 풀 리퀘스트를 **업데이트했습니다.**

- I **have approved** your pull request, and it's ready to merge now.

  풀 리퀘스트를 승인했고 이제 병합할 준비가 되었습니다.

충돌 해결 관련 표현(Conflict Resolution-Related Expressions)

- **There's a conflict** in the README.md file.

  README.md 파일에 **충돌이** 있어요.

- I've **aborted the merge** due to conflicts. Could you resolve it?

  충돌 때문에 **병합을 중단했습니다**. 해결해 줄 수 있나요?

- I **have resolved** the merge conflicts and **pushed** the changes.

  병합 충돌을 해결했고 변경 사항을 **푸시했습니다**.

- Before we merge, **let's make sure** there are no conflicts.

  병합하기 전에, 충돌이 없는지 **확인합시다**.

저장소 관련 표현(Repository-Related Expressions)

- **Let's clean up** the repository by deleting old branches.

  오래된 브랜치를 삭제해서 저장소를 **정리합시다**.

- **Could you fork** the repository for the new project?

  새 프로젝트를 위해 저장소를 **포크해 주시겠어요?**

- I've **forked** the repository and **cloned** the repository to my local environment.

  저장소를 **포크하고** 로컬 환경에 **복사했습니다**.

- (수동태) The remote repository **has been updated** and is now **public**.

  원격 저장소가 **업데이트되었고** 지금 **공개** 상태입니다.

> 💡 **Tip** 🔖 **깃 커밋 메시지 컨벤션**
>
> 깃 커밋 메시지 컨벤션이란 프로젝트 참여자 간에 합의된 깃 커밋 메시지 가이드라인을 의미합니다. 깃 커밋 메시지 컨벤션은 프로젝트마다 다르지만, 대체로 개발자 사이에 관습적으로 통용되는 **Conventional Commits**(https://conventionalcommits.org)를 따릅니다. Conventional Commits에 따르면, 깃 커밋 메시지는 <type>: <description>으로 기재하며 <description>은 **동사원형**으로 시작합니다.
>
> - feat: **add** login functionality
>   로그인 기능 **추가**
>
> - fix: **correct** typo in user interface
>   사용자 인터페이스의 오타 **수정**
>
> - chore: **update** dependencies to latest versions
>   의존성을 최신 버전으로 **업데이트**
>
> - docs: **enhance** README file
>   README 파일 **개선**
>
> - refactor: **improve** code structure in authentication module
>   인증 모듈의 코드 구조 **개선**

2.3.3 | 코드 주석 작성하기

코드 주석에 주로 사용되는 시제

코드 주석에 코드 변경, 버그 수정, 기능 추가 등 작업 결과를 기록할 때는 특정 시점에 대한 언급이 없어도 단순 과거형을 사용하는 것이 일반적입니다. 문법적으로는 현재 완료 시제가 적절하지만, 메시지를 조금 더 간결하게 하고자 대명사(예 I, We)를 쓰지 않고 단순 과거형을 사용합니다.

- **Fixed** null pointer exception in getUser function.
  getUser 함수에서 널 포인터 예외를 **수정함**

- **Refactored** authentication logic to support OAuth2.
  OAuth2를 지원하도록 인증 로직을 **리팩터링함**

- **Removed** redundant code in payment processing.
  결제 처리에서 중복 코드를 **제거함**

- **Added** error handling for file uploads.
  파일 업로드에 대한 에러 처리를 **추가함**

- **Optimized** query performance by 30%.
  쿼리 성능을 30% **최적화함**

코드 주석과 라이선스 용어

코드 주석의 종류에는 인라인 주석, 블록 주석을 비롯해서 문서 전체에 대한 문서 주석과 To-Do를 명시한 To-Do 주석 등이 있습니다. 참고로 문서 주석에는 소프트웨어 라이선스 내용이 들어가기도 합니다. 다음 표는 코드 주석과 소프트웨어 라이선스 용어를 정리한 것입니다.

▼ 표 2-2 코드 주석과 소프트웨어 라이선스 용어

용어	뜻	용어	뜻
Inline Comments	인라인 주석	See Also	참고
Block Comments	블록 주석	License	라이선스
Documentation Comments	문서화 주석	Open Source License	오픈 소스 라이선스
TODO Comments	TODO 주석	Proprietary License	독점 라이선스
Conditional Comments	조건부 주석	MIT License	MIT 라이선스
Author	작성자	GPL License	GPL 라이선스
Version	버전	Commercial License	상업 라이선스
Deprecated	사용되지 않음	EULA	최종 사용자 라이선스 계약

NOTE 소프트웨어 라이선스 종류

소프트웨어 라이선스란 사용자와 제공자(개발자 또는 회사) 사이에 소프트웨어에 대한 권리와 제한을 명시한 **법적 사항**을 의미합니다. 소프트웨어 라이선스에는 오픈 소스 라이선스, 상용 라이선스, 독점 라이선스, EULA 등 다양한 종류가 있습니다. 이 중에서 **오픈 소스 라이선스**는 누구나 해당 코드를 사용, 수정, 재배포할 수 있도록 한 라이선스이며, 종류로는 GPL, LGPL, AGPL, MIT, Apache, BSD 라이선스 등이 있습니다.

- GNU General Public License(GPL): Requires that any software that uses GPL-licensed components **must be open-sourced** under the **same license.**
  GNU 일반 공중 라이선스(GPL): GPL 라이선스가 적용된 컴포넌트를 사용하는 모든 소프트웨어는 **동일한 라이선스하에 오픈 소스로 공개되어야** 합니다.

- MIT License: Allows users to do anything they want with the code, if they **include the original copyright** and **license notice** in any copy of the software or substantial portion of it.
  MIT 라이선스: 사용자가 소프트웨어의 복사본이나 상당 부분에 **원래의 저작권과 라이선스 고지를 포함**하는 한, 코드를 원하는 대로 사용할 수 있습니다.

● 계속

- Apache License 2.0: Allows users to freely use, modify, and distribute the software, but any modified version must **state the changes** and must also be distributed under the **same license**.

  Apache 라이선스 2.0: 사용자가 소프트웨어를 자유롭게 사용, 수정, 배포할 수 있지만, 수정된 버전은 **변경 사항을 명시**해야 하며 **동일한 라이선스**하에 배포되어야 합니다.

- BSD Licenses: Like the MIT License but may include **additional clauses**, such as prohibiting the use of the author's name without permission.

  BSD 라이선스: MIT 라이선스와 유사하지만 허가 없이 저자 이름을 사용하는 것을 금지하는 등 **추가적인 조항**이 포함될 수 있습니다.

2.4 테스트

테스트 단계Test Phase는 소프트웨어 품질을 높이는 중요한 단계입니다. 테스트 단계에서는 코드가 명세서에 정의된 요구 사항에 맞게 동작하는지 테스트하며, 버그나 개선할 부분이 발생하면 수정한 후 다시 테스트를 진행합니다. 테스트가 성공적으로 마무리되면 다음 단계인 배포 단계로 넘어갑니다.

2.4.1 | 테스트 실무 용어

테스트 종류

테스트 종류에는 단위 기능을 테스트하는 단위 테스트를 비롯하여 통합된 모듈 간 상호 작용을 테스트하는 통합 테스트, 전체 시스템을 종합적으로 테스트하는 시스템 테스트, 개발자 외에 다른 사람이나 외부 조직이 수행하는 제3자 테스트, 최종적으로 클라이언트의 확인을 받는 인수 테스트 등이 있습니다. 각 테스트별 영어 표현은 다음과 같습니다.

- **Unit Testing** focuses on verifying the functionality of individual components or units of a software application, and it is usually written by developers and automated.
  단위 테스트는 소프트웨어 애플리케이션의 개별 구성 요소나 단위 기능을 검증하는 데 중점을 두며, 대체로 개발자가 작성하고 자동화합니다.

- **Integration Testing** aims to validate the interactions between the software system and other inner or outer components.
  통합 테스트는 소프트웨어 시스템과 다른 내부 또는 외부 구성 요소 간 상호 작용을 검증하는 것이 목표입니다.

- **System Testing** involves testing the entire software application to ensure it meets the defined requirements.
  시스템 테스트는 정의된 요구 사항을 충족시키는지 확인하기 위해 전체 소프트웨어 애플리케이션을 종합적으로 테스트합니다.

- **Third-Party Testing** is conducted by another person or an external organization to ensure objectivity in the testing process.

  제3자 테스트는 테스트 프로세스의 객관성을 보장하기 위해 다른 사람 또는 외부 조직에서 수행합니다.

- **Acceptance Testing**, also known as **User Acceptance Testing**(UAT), is performed to determine finally whether the software system has met the requirement specifications.

  인수 테스트는 사용자 수용 테스트(UAT)라고도 하며, 소프트웨어 시스템이 요구 사항 사양을 충족했는지 최종적으로 결정하기 위해 수행합니다.

테스트 관련 용어와 영어 표현

다음 표는 테스트 단계에서 자주 사용하는 용어를 정리한 것입니다. 참고로 앞서 살펴본 테스트 종류는 테스트 단계에 따라 분류된 테스트 종류입니다. 이외에도 테스트 방법에 따라 회귀 테스트, 블랙박스 테스트, 화이트 박스 테스트, 경계 테스트 등으로 나누기도 합니다.

▼ **표 2-3** 테스트 단계에서 사용하는 용어

용어	뜻
Test Case 테스트 케이스	특정 조건에서 어떤 결과가 나와야 하는지 정의한 명세
Test Suite 테스트 스위트	관련된 여러 테스트 케이스를 모아 놓은 집합
Test Automation 테스트 오토메이션	테스트 자동화

○ 계속

용어	뜻
Test Environment 테스트 환경	테스트가 실행되는 하드웨어와 소프트웨어의 설정
Test Plan 테스트 플랜	테스트의 목표, 범위, 자원, 일정 능을 성리한 문서
Test Coverage 테스트 커버리지	코드의 어느 부분이 테스트로 검증되었는지 나타내는 지표
Assertion 어설션	테스트에서 특정 조건이 참인지 확인하는 명령어나 구문
Bug Report 버그 리포트	소프트웨어에서 발견된 오류에 대한 상세한 보고서
Build 빌드	실행 가능한 소프트웨어 버전을 생성하는 과정 또는 결과물
Mock Object 모의 객체	테스트 중에 실제 객체 대신 사용되는 가상 객체
Continuous Integration(CI) 지속적 통합	코드 변경을 지속적으로 빌드하고 테스트하는 프로세스
Test Driven Development(TDD) 테스트 주도 개발	테스트를 먼저 작성하고 그에 맞추어 코드를 개발하는 방법론
End-to-End Testing 엔드 투 엔드 테스팅	사용자 경험을 전체적으로 테스트하는 방법
Regression Testing 회귀 테스팅	코드 변경 후 이전 기능이 계속 작동하는지 확인하는 테스트
Black Box Testing 블랙박스 테스팅	내부 구조나 작동 원리를 고려하지 않고 테스트하는 방법
White Box Testing 화이트 박스 테스팅	코드의 내부 구조와 작동 원리를 고려하여 테스트하는 방법
Load Testing 로드 테스팅	소프트웨어가 특정 부하 조건에서 어떻게 작동하는지 검증

◐ 계속

용어	뜻
Boundary Testing 경계 테스팅	입력 값의 경계 조건에서 어떻게 작동하는지 테스트
Smoke Test 스모크 테스트	기본 기능이 작동하는지 빠르게 확인하는 초기 테스트
Functional Testing 기능 테스팅	소프트웨어의 특정 기능이 올바르게 작동하는지 테스트
Exploratory Testing 탐색적 테스팅	자유롭게 테스트하여 예상치 못한 문제를 찾는 테스트

다음은 표 2-3의 테스트 관련 용어를 사용하여 만든 영어 문장 예시입니다.

- The test case for the login feature failed during **regression testing**.
  로그인 기능에 대한 테스트 케이스가 **회귀 테스트** 중에 실패했습니다.

- The build failed, so we can't proceed with the **functional testing**.
  빌드가 실패해서, **기능 테스트**를 진행할 수 없습니다.

- The **mock object** simulates the behavior of the real database in our **smoke test**.
  모의 객체는 **스모크 테스트**에서 실제 데이터베이스의 동작을 시뮬레이션합니다.

- The **load testing** results indicate that the server can handle up to 5000 concurrent users.

  부하 테스트 결과는 서버가 동시 사용자 최대 5,000명을 처리할 수 있다는 것을 나타냅니다.

- The **white box testing** revealed some vulnerabilities in our code.

  화이트 박스 테스트로 코드에 몇몇 취약점이 드러났습니다.

- The **boundary testing** revealed that the application crashes when input exceeds a certain limit.

  경계 테스트로 입력이 특정 한계를 초과하면 애플리케이션이 충돌한다는 것이 드러났습니다.

2.4.2 | 테스트 케이스 명명 규칙

테스트 케이스 명명 규칙의 종류

테스트 주도 개발TDD은 대표적인 소프트웨어 개발 방법론 중 하나로 테스트 케이스를 먼저 작성하고 코드가 이를 통과하는지 확인하면서 개발을 진행하는 것을 의미합니다. TDD를 적용한 프로젝트에서 개발자는 정해진 테스트 케이스 명명 규칙Test Case Conventions에 따라 테스트 케이스를 작성합니다. 테스트 케이스 명명 규칙에는 여러 종류가 있으며, 개발자 사이에서 관습적으로 사용되는 명명 규칙은 다음과 같이 크게 세 가지 범주로 나눌 수 있습니다(참고: https://yozm.wishket.com/magazine/detail/1748/).

- 함수 이름 + 조건 + 기대되는 결과로 적는 방법
- 기능을 기술하듯이 적는 방법
- Given, Should, When, Then을 사용한 방법

테스트 케이스 명명 규칙의 예시

테스트 케이스 이름을 지을 때는 일반적인 영어 문법과 달리 대명사를 삭제하고 명령형 구조로 간결하게 작성합니다. 앞서 세 가지로 분류한 테스트 케이스 명명 규칙의 예시는 다음과 같습니다.

함수 이름 + 조건 + 기대되는 결과로 적는 방법

- calculateSum_EmptyList_ReturnsZero

  calculateSum 함수를 호출할 때 리스트가 비어 있으면 0을 반환합니다.

- login_InvalidCredentials_AuthenticationFailed

  login 함수를 호출할 때 유효하지 않은 인증 정보면 인증에 실패합니다.

- findProduct_OutOfStock_ThrowsException

  findProduct 함수를 호출할 때 품절이면 예외를 발생시킵니다.

- updateProfile_NullEmail_ValidationError

  updateProfile 함수를 호출할 때 이메일이 null이면 Validation 에러가 발생합니다.

- deleteUser_NonExistentUser_ThrowsException

  deleteUser 함수를 호출할 때 존재하지 않는 사용자면 예외를 발생시킵니다.

기능을 기술하듯이 적는 방법

- ReturnsZeroWhenListIsEmpty

  리스트가 비어 있을 때 0을 반환합니다.

- AuthenticationFailsForInvalidCredentials

  유효하지 않은 인증 정보로 로그인을 시도하면 인증에 실패합니다.

- ThrowsExceptionWhenProductIsOutOfStock

  제품이 품절 상태일 때 예외를 발생시킵니다.

- ValidationErrorWhenEmailIsNull

  이메일이 null일 경우 Validation 에러가 발생합니다.

- ThrowsExceptionWhenDeletingNonExistentUser

  존재하지 않는 사용자를 삭제하면 예외를 발생시킵니다.

Given, Should, When, Then을 사용한 방법

- Given_EmptyList_When_CalculateSumIsCalled_Then_ReturnZero

  빈 리스트가 주어졌을 때 calculateSum 함수를 호출하면 0을 반환합니다.

- Given_InvalidCredentials_When_LoginIsAttempted_Then_FailAuthentication

  유효하지 않은 인증 정보가 주어졌을 때 로그인을 시도하면 인증에 실패합니다.

- Should_ThrowException_When_ProductIsOutOfStock
제품이 품절 상태일 때 예외를 발생시켜야 합니다.

- Should_ValidationError_When_EmailIsNull
이메일이 null일 경우 유효성 검사 에러가 발생해야 합니다.

- Should_ThrowsException_When_DeletingNonExistentUser
존재하지 않는 사용자를 삭제하려고 할 때 예외를 발생시켜야 합니다.

2.5 배포와 유지 보수

배포 단계Deployment Phase는 테스트가 완료된 소프트웨어를 운영 환경에 배포하는 단계입니다. 배포 단계에서는 배포 담당자가 수동으로 작업하기도 하지만, 대체로 배포 스크립트를 작성하여 자동화된 방식으로 수행합니다.

유지 보수 단계Maintenance Phase는 소프트웨어 배포 이후 운영 환경에서 발생한 이슈를 해결하거나 기능 업데이트를 하는 단계입니다. 유지 보수 단계에서는 버그 수정, 보안 패치, 성능 최적화 등을 진행하며, 필요할 때는 새로운 버전의 소프트웨어를 다시 배포하기도 합니다.

2.5.1 | 배포와 유지 보수 실무 용어

배포 단계에서 사용하는 용어 및 표현

다음 표는 배포 단계에서 사용하는 실무 용어를 정리한 것입니다.

▼ 표 2-4 배포 단계에서 사용하는 용어

용어	뜻
Auto-Scaling 오토 스케일링	서버 부하에 따라 자동으로 리소스를 조절하는 기술
Blue-Green Deployment 블루-그린 배포	기존 트래픽을 새 버전으로 스위칭하는 배포 방법
Canary Release 카나리 릴리스	소규모 사용자 그룹에만 먼저 출시하는 배포 전략
Continuous Deployment 지속적 배포	변경 사항을 자동으로 배포하는 방식
Deployment Pipeline 배포 파이프라인	변경부터 배포까지 일련의 자동화 프로세스
Feature Flag 기능 플래그	코드 수정 없이 시스템 동작을 변경할 수 있는 기능으로, 특정 인원만 운영 환경에서 테스트하는 방법
Hotfix 핫픽스	이슈가 발생하면 긴급히 배포되는 패치
Load Balancing 로드 밸런싱	서버 트래픽을 분산시키는 기술
Release Candidate(RC) 릴리스 후보	출시 준비가 된 소프트웨어 버전
Rollback 롤백	오류가 발생한 경우 이전 버전의 소프트웨어로 되돌리는 작업

⊙ 계속

용어	뜻
Rollout 롤아웃	소프트웨어를 배포하는 것
Staging Environment 스테이징 환경	실제 운영 환경을 모방한 테스트 환경
Zero Downtime Deployment 무중단 배포	서비스 중단 없이 소프트웨어를 배포하는 방법

다음은 배포 단계에서 개발자와 배포 담당자 간에 나눌 수 있는 영어 대화 예시입니다.

대화

· · ·

Kim: The release candidate has passed all the tests. Are we ready for **rollout**?

릴리스 후보 버전이 모든 테스트를 통과했습니다. **배포**할 준비가 되었나요?

Jay: Almost, but we should first deploy it to **the staging environment** to check finally.

거의 준비가 되었지만, 최종적으로 확인하기 위해 먼저 **스테이징 환경**에 배포해야 합니다.

Kim: Excellent. Let's also implement **feature flags** for the new modules so we can toggle them on and off without code changes.

좋습니다. 새로운 모듈에서도 **기능 플래그**를 구현해서 코드 변경 없이 켜고 끌 수 있도록 합시다.

Jay: Agreed. I also suggest we use **Blue-Green Deployment** to switch traffic between the old and new versions seamlessly.

동의합니다. 더불어 **블루-그린 배포 방법**을 사용해서 이전 버전과 새 버전의 트래픽을 끊김 없이 전환하도록 하죠.

Kim: Good Idea. Are **load balancing** and **auto-scaling** set up?

좋은 생각이네요. **로드 밸런싱**과 **오토 스케일링**은 설정되어 있나요?

Jay: Yes, Load balancing is configured, and auto-scaling will **kick in** based on server load.

네, 로드 밸런싱은 설정되어 있고, 서버 부하에 따라 오토 스케일링이 **작동할 것입니다.**

> • **kick in** 작동하기 시작하다, 효과가 나타나기 시작하다(=take effect)

Kim: Okay, in case anything goes wrong, we should be ready with **a rollback strategy**.

알겠습니다. 뭔가 잘못될 경우를 대비해서 **롤백 전략**을 준비해야 합니다.

Jay: We've got that covered too. We also have **a hotfix** ready in case of critical issues. Lastly, we have set it up for **zero downtime deployment** to ensure uninterrupted service.

그 부분도 이미 준비해 두었습니다. 중대한 문제가 발생할 경우를 대비한 **긴급 배포**도 준비되어 있습니다. 마지막으로 서비스가 중단되지 않도록 **무중단 배포 방식**도 설정해 두었습니다.

유지 보수 단계에서 사용하는 용어와 표현

다음 표는 유지 보수 단계에서 사용하는 실무 용어입니다.

▼ **표 2-5** 유지 보수 단계에서 사용하는 용어

용어	뜻
Bug Tracking 버그 트래킹	소프트웨어 버그를 식별, 기록, 모니터링하는 과정
Change Request 변경 요청	소프트웨어 변경과 개선 요청
End-Of-Life(EOL) 엔드 오브 라이프	더 이상 소프트웨어 업데이트나 지원이 되지 않는 단계
Failover 패일오버	시스템에 장애가 발생하는 경우 대기 시스템으로 자동 전환하는 것
Hot Swapping 핫 스와핑	시스템을 종료하지 않고 시스템을 업데이트하는 것
Incident Management 장애 관리	장애(사건)가 발생할 때 이를 해결하는 프로세스
Legacy System 레거시 시스템	아직 사용 중인 오래된 시스템
Monitoring 모니터링	시스템 상태를 지속적으로 관찰하고 기록하는 행위
Patch 패치	프로그램을 수정하거나 개선하는 소규모 업데이트
Performance Tuning 성능 튜닝	시스템 성능을 향상시키는 작업
Refactoring 리팩터링	외부 기능을 변경하지 않고 기존 코드를 재구성하는 것
Root Cause Analysis(RCA) 근본 원인 분석	특정 문제의 근본 원인을 찾아내는 분석 과정

○ 계속

용어	뜻
Software Audit 소프트웨어 감사	소프트웨어가 정해진 기준에 부합하는지 심사하는 것
Technical Debt 기술 부채	근본적인 원인을 해결하지 않아 추후 발생할 수 있는 기술 비용

다음은 유지 보수 단계에서 매니저와 유지 보수 개발자 간에 나눌 수 있는 영어 대화 예시입니다.

대화   ● ● ●

Jay: Our **legacy system** seems to have some **technical debt**.
우리 **레거시 시스템**에 몇몇 **기술 부채**가 있는 것 같습니다.

Kim: Maybe, but I think we should initiate **a root cause analysis** first to identify the underlying issues before making any changes.
아마도요. 하지만 먼저 **근본 원인 분석**으로 근원적인 문제를 파악한 후 변경 사항을 결정하면 좋을 것 같습니다.

Jay: Okay. Additionally, the **bug tracking** shows some issues that also might need **a patch** soon.
알겠어요. 추가로 **버그 트래킹**에서 곧 **패치**가 필요할 것 같은 몇 가지 문제점도 보입니다.

Kim: We're already on it. After that, we are going to focus on **performance tuning**.

이미 그 부분은 처리 중입니다. 그 후에는 **성능 튜닝**에 집중하려고 합니다.

Jay: Good, but we've had a couple of incidents, do we have a proper **failover mechanism**?

좋아요. 그런데 몇 가지 사고가 있었는데, 적절한 **장애 대응 메커니즘**이 있나요?

Kim: Yes, we do. We also have **hot swapping** enabled for critical components. By the way, **EOL** is scheduled for some modules, so we need to discuss the **change requests** for them at this meeting as soon as possible.

네, 있습니다. 중요한 컴포넌트에는 **핫 스와핑**도 준비되어 있어요. 어쨌든, 몇몇 모듈의 **업데이트 종료(EOL)**가 예정되어 있으므로, 이번 회의에서 그에 대한 **변경 요청 사항**도 가능한 빨리 논의해야 합니다.

2.5.2 | 이슈 트래킹 시스템 기록하기

이슈 트래킹 시스템Issue Tracking System이란 이슈를 추적하고 관리하는 시스템을 의미합니다. 유지 보수 단계에서 주로 사용하며, 간단히 줄여서 ITS라고도 합니다. 대표적인 ITS 종류로는 Jira, GitLab, ClickUp, Redmine 등이 있습니다.

▼ **그림 2-1** Jira 이슈 트래킹 시스템(출처: Atlassian)

유지 보수 개발자는 ITS에 할당된 이슈를 확인하고 코드를 업데이트한 후 그 과정을 다시 ITS에 기록합니다. ITS에 기록하는 방식은 팀이나 프로젝트마다 다르지만, 대체로 제목Title이나 요약Summary에는 대명사를 넣지 않고 간결하게 적는 방식을 사용합니다.

- **Crash occurring** in version 2.3.1.
  2.3.1 버전에서 **충돌 발생**

- **Inconsistent data** in order report.
  주문 보고서의 **데이터 불일치**

- **Slow loading** on customer portal.
  고객 포털에서 **느린 로딩**

- **Update** dependencies to latest stable versions.
  최신 스테이블 버전으로 의존성 **업데이트**

- **Implement** pagination in user list view.

  사용자 목록 보기에 페이지네이션 **구현**

- **Optimize** database queries for performance.

  성능을 위한 데이터베이스 쿼리 **최적화**

- **Fix** memory leak in back-end services.

  백엔드 서비스에서 메모리 누수 **수정**

2.5.3 | 시스템 장애가 발생한 경우 영어 표현

시스템 장애가 발생하면 유지 보수 담당자는 즉시 장애 관리_{Incident} Management 절차에 따르며, 장애 원인을 분석하고 경우에 따라 긴급 배포합니다. 이 과정에서 담당자는 클라이언트, 매니저, 팀원에게 상황을 지속적으로 업데이트해야 합니다. 다음은 시스템에 장애가 발생했을 때 나눌수 있는 영어 대화 예시입니다.

대화   • • •

Kim: We have just noticed that the system is **down**. What's going on?

방금 시스템이 **다운**된 것을 알았습니다. 무슨 일인가요?

Jay: We **are aware of** the issue and have initiated our **incident management procedures**. And we're also currently doing **the RCA** to find out what went wrong.

저희도 그 문제를 **알고 있으며** 이미 **장애 관리 절차**를 시작했습니다. 또한 현재 **근본 원인 분석**으로 무엇이 잘못되었는지 파악하고 있습니다.

> • **be aware of** ~을 알다, ~을 알아차리다(=become aware of)

Kim: **How long** will it take?

얼마나 걸릴 것 같나요?

Jay: We are aiming to apply **a hotfix** as quickly as possible, **if needed**. We're also monitoring the system closely to prevent further issues.

필요하다면 가능한 빨리 **긴급 배포**를 적용하려고 합니다. 또한 추가 문제가 발생하지 않도록 시스템을 꼼꼼히 모니터링하고 있습니다.

Kim: Please **keep** us updated.

계속 저희에게 업데이트해 **주세요**.

Jay: Absolutely. I will **inform** you as soon as we have more information.

물론입니다. 추가 정보가 있으면 바로 **알려 드리겠습니다.**

소프트웨어 개발 분야별 실무 영어

소프트웨어 개발 분야를 나누는 방법에는 여러 가지가 있습니다. 사용자와 접점 여부에 따라 프런트엔드와 백엔드 개발로 나누기도 하고, 소프트웨어 목적에 따라 웹, 모바일, 데브옵스, 임베디드, 데이터, 보안, 네트워크, AI/머신 러닝, 게임 개발 등으로 구분하기도 합니다. 다만 소프트웨어 개발 분야는 완전히 독립적으로 분리되어 있지 않기 때문에 경우에 따라서는 몇몇 부분이 겹치기도 합니다.

▼ 그림 3-1 소프트웨어 개발 분야

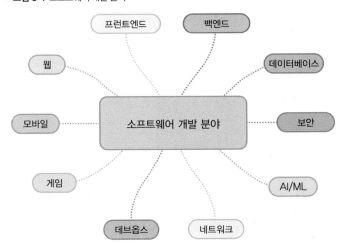

개발자는 특정 분야를 선택하여 그에 맞는 기술 스택Tech Stack을 집중적으로 쌓거나 여러 분야에 걸쳐 이른바 풀스택 개발자Full-stack Developer의 길을 걷기도 합니다. 챕터 3에서는 소프트웨어 개발 분야와 관련하여 프런트엔드 개발, 백엔드 개발, 기타 개발 분야로 나누어 분야별 실무 영어 표현을 학습하도록 하겠습니다.

3.1 프런트엔드 개발 실무 영어

프런트엔드 개발Front-end Development은 사용자와 직접 상호 작용하는 인터페이스를 개발하는 분야입니다. 주로 웹 브라우저나 모바일 앱처럼 클라이언트 단에서 실행되는 코드를 중점적으로 다룹니다. 또한 다양한 프레임워크와 라이브러리를 활용하여 사용자 경험을 최적화하고 백엔드 서버와 연계하는 작업을 합니다.

3.1.1 | 웹 프런트엔드 개발

HTML, CSS, 자바스크립트

웹 프런트엔드 개발은 웹 브라우저에서 실행되는 사용자 인터페이스를 개발하는 분야입니다. 주로 HTML, CSS, 자바스크립트JavaScript를 다루며 웹 페이지의 레이아웃, 디자인, 상호 작용을 구현합니다. 다음은 HTML, CSS, 자바스크립트를 설명한 영어 문장 예시입니다.

- **HTML**(HyperText Markup Language) serves as the **foundational structure** for web pages, allowing developers to define elements such as headings, paragraphs, and links.
  HTML(하이퍼텍스트 마크업 언어)은 웹 페이지의 **기초적인 구조**를 제공하며, 개발자가 제목, 문단, 링크 등 요소를 정의할 수 있게 합니다.

- **CSS**(Cascading Style Sheets) is used to control the **visual appearance** of HTML elements, enabling modification of layout, colors, and fonts.

  CSS(계층형 스타일 시트)는 HTML 요소의 **시각적인 외형**을 제어하는 데 사용되며, 레이아웃, 색상, 글꼴 등을 변경할 수 있습니다.

- **JavaScript** is a programming language that enables **dynamic interactions** within web pages, allowing for features such as form validation, animations, and real-time updates.

  자바스크립트는 웹 페이지 내에서 **동적인 상호 작용**을 가능하게 하는 프로그래밍 언어로, 폼 검증, 애니메이션, 실시간 업데이트 같은 기능을 제공합니다.

HTML 관련 영어 단어와 표현

다음 표는 HTML과 관련해서 사용되는 영어 단어를 정리한 것입니다.

▼ **표 3-1** HTML 관련 영어 단어

단어	설명
Element 요소	A component of an HTML document. HTML 문서의 구성 요소
Tag 태그	The markup code that defines an HTML element. HTML 요소를 정의하는 마크업 코드
Attribute 속성	Additional information provided within a tag to specify properties of an element. 요소의 속성을 지정하려고 태그 내에 제공되는 추가 정보
DOM 문서 객체 모델	An interface for HTML documents, representing the structure as a tree of objects. 구조를 객체 트리로 나타내는 HTML 문서의 인터페이스

○ 계속

단어	설명
Hyperlink 하이퍼링크	A link from one HTML page to another, or to any other type of file. 한 HTML 페이지에서 다른 HTML 페이지 또는 다른 유형의 파일로 거는 링크
Meta Tag 메타 태그	A tag used in the HTML document's head section to provide metadata about the document. 문서에 대한 메타데이터를 제공하려고 HTML 문서의 head 섹션에서 사용하는 태그
Markup 마크업	The code used to structure content on the web. 웹상의 콘텐츠를 구조화하는 데 사용하는 코드
Inline 인라인	An attribute or element that affects only the specific line of elements it is on, without breaking the flow of layout. 레이아웃의 흐름을 끊지 않고 해당되는 요소 라인에만 영향을 주는 속성이나 요소
Block-level Element 블록 레벨 요소	An element that takes up the full width available and has a line break before and after it. 사용 가능한 전체 너비를 차지하고 그 앞뒤로 줄을 바꾸는 요소
Semantic Elements 시맨틱 요소	HTML elements that carry meaning about the structure of the content, like <header>, <footer>, <article>, etc. <header>, <footer>, <article> 등 콘텐츠 구조에 대한 의미를 가진 HTML 요소
Viewport 뷰포트	The user's visible area of a web page. 웹 페이지의 사용자가 볼 수 있는 영역
DOCTYPE 문서 형식 선언	A declaration that defines the document type and version of HTML being used. 사용되는 HTML의 문서 유형과 버전을 정의하는 선언
Accessibility 접근성	The design of products, devices, services, or environments to be usable by as many people as possible. 가능한 많은 사람이 사용할 수 있도록 제품, 장치, 서비스, 환경을 설계하는 것

다음은 HTML 작업과 관련하여 개발자 간에 나눌 수 있는 영어 대화 예시입니다.

Kim: I was looking at our HTML file and noticed that the DOCTYPE is missing. I think DOCTYPE **is essential** for proper rendering.

HTML 파일을 살펴보다가 DOCTYPE이 빠져 있는 것을 알았습니다. 제 생각에 DOCTYPE은 제대로 렌더링을 하는 데 **중요합니다**.

Jay: You're right, the DOCTYPE declaration **is crucial**. I'll add it right away.

맞습니다. DOCTYPE 선언은 **중요하죠**. 바로 추가하겠습니다.

Kim: Also, **semantic elements** such as <header>, <footer>, and <article> should be properly structured to focus more on **SEO** and **accessibility**.

또한 **검색 엔진 최적화와 접근성**에 조금 더 집중하려면 <header>, <footer>, <article> 같은 **시맨틱 요소**가 제대로 구조화되어야 합니다.

Jay: I agree. I'll **make sure** to fix them correctly in the upcoming sprint.

동의합니다. 다가오는 스프린트에서 **반드시** 그것들을 올바르게 고치겠습니다.

NOTE 중요함을 강조하는 영어 표현

영어에서 **~는 중요하다**는 뜻으로 is important, is essential, is crucial 같은 표현을 자주 사용합니다. 그리고 이 표현 뒤에 for나 to를 붙여 '~를 위해서 중요하다' 또는 '~하기 위해서 중요하다'는 의미를 나타냅니다. 만약 뒤에 **for**가 붙으면 그 뒤에는 **명사**(또는 명사구, 명사절 등)가 따라와야 하며, **to**가 붙으면 **동사**가 따라와야 합니다.

- 보안 조치를 구현하는 것은 사용자 데이터를 **보호하기 위해** 중요합니다.
  Implementing security measures is important **for protecting**(명사) user data.
  Implementing security measures is important **to protect**(동사) user data.

다음 표는 CSS와 관련하여 실무에서 사용하는 영어 단어를 정리한 것입니다.

▼ **표 3-2** CSS 관련 영어 단어

단어	설명
Selector 셀렉터	A pattern used to select elements to which styles will be applied. 스타일이 적용될 요소를 선택하는 패턴
Property 프로퍼티	An attribute that defines the style of an element, such as color, font-size, etc. color, font-size 등 요소의 스타일을 정의하는 속성
Rule-set 룰 셋	A combination of selectors and declarations enclosed in braces. 중괄호로 둘러싸인 셀렉터와 선언의 조합
Declaration 선언	A single line of CSS code that consists of a property and a value. 프로퍼티와 값으로 구성된 CSS 코드의 한 줄
Inheritance 상속	The mechanism by which some CSS properties are applied to child elements from their parent elements. 부모 요소에서 일부 CSS 속성이 자식 요소에 적용되는 메커니즘
Box Model 박스 모델	A design paradigm that includes the content, padding, border, and margin of an element. 요소의 콘텐츠, 패딩, 테두리, 마진을 포함하는 디자인 패러다임

🔾 계속

단어	설명
Media Query 미디어 쿼리	A technique used to apply different styles based on the characteristics of the device. 장치의 특성을 기반으로 다른 스타일을 적용하는 기술
Pseudo-class 의사 클래스	A keyword added to selectors that specifies a special state of the element. 요소의 특별한 상태를 지정하는 셀렉터에 추가되는 키워드
Pseudo-element 의사 요소	A keyword added to selectors that allows styling of a specific part of an element. 요소의 특정 부분 스타일링을 허용하는 셀렉터에 추가되는 키워드
Responsive Design 반응형 디자인	An approach to web design that makes web pages render well on a variety of devices and window or screen sizes. 다양한 장치와 창 또는 화면 크기에서 웹 페이지가 잘 렌더링되도록 하는 웹 디자인 접근법
Flexbox 플렉스박스	A layout model that allows items within a container to be dynamically arranged. 컨테이너 내 아이템을 동적으로 배열할 수 있게 하는 레이아웃 모델
Grid Layout 그리드 레이아웃	A layout model that allows items to be placed in rows and columns within a container. 컨테이너 내에서 아이템을 행과 열에 배치할 수 있게 하는 레이아웃 모델

다음은 CSS 작업과 관련한 영어 대화 예시입니다.

대화　　　　　　　　　　　　　　　　　　· · ·

Kim: I noticed that there seems to be an issue with the **rule-sets** in our CSS file. It's affecting the **inheritance of styles**.

저희 CSS 파일의 **룰셋**에 문제가 있는 것 같습니다. **스타일 상속**에 영향을 미치고 있어요.

Jay: Could you specify **which parts** in our CSS file you think are the problem?

저희 CSS 파일에서 **어떤 부분이** 문제라고 생각하는지 구체적으로 알려 주실 수 있나요?

Kim: I've noticed that some of the **property-value pairs** within the declarations are duplicated. Also, it seems that the **media query** settings for responsive design are incorrect.

선언 내 **속성-값 쌍** 중 일부가 중복되고 있습니다. 또한, 반응형 디자인을 위한 **미디어 쿼리**도 잘못 설정된 것 같습니다.

Jay: Understood. I'll clean up those parts. Additionally, I'll consider using **Flexbox** or **Grid Layout** for better responsiveness.

알겠습니다. 그 부분은 정리하도록 하겠습니다. 추가로, 더 나은 반응성을 위해 **플렉스박스**나 **그리드 레이아웃**도 고려해 보겠습니다.

다음으로 자바스크립트에서 사용되는 영어 단어를 살펴보겠습니다. 다음 표는 자바스크립트와 관련된 영어 단어를 정리한 것입니다.

▼ **표 3-3** 자바스크립트 관련 영어 단어

단어	설명
DOM Manipulation 돔 조작	The practice of using JavaScript to change the DOM of a web page. 웹 페이지의 DOM을 변경하기 위해 자바스크립트를 사용하는 것
Object 객체	An instance of a class containing variables and methods. 변수와 메서드를 포함하는 클래스의 인스턴스

단어	설명
Array 배열	A data structure that can hold multiple values. 여러 값을 저장할 수 있는 데이터 구조
Event 이벤트	An action or occurrence recognized by software. 소프트웨어에서 인식하는 동작이나 발생
Callback 콜백	A function passed as an argument to another function. 다른 함수에 인수로 전달되는 함수
Promise 프로미스	An object representing the eventual completion or failure of an asynchronous operation. 비동기 작업의 최종 완료 또는 실패를 나타내는 객체
Asynchronous 비동기식	Operations that do not block the event loop. 이벤트 루프를 차단하지 않는 작업
Synchronous 동기식	Operations that block further execution until completed. 완료될 때까지 추가 실행을 차단하는 작업
JSON 제이슨	JavaScript Object Notation, a lightweight data-interchange format. 자바스크립트 객체 표기법, 가벼운 데이터 교환 형식

다음은 자바스크립트 작업과 관련한 영어 대화 예시입니다.

대화   • • •

Jay: I've been working on **DOM manipulation** to update the user interface.

저는 사용자 인터페이스를 업데이트하기 위해 **DOM 작업**을 하고 있습니다.

Kim: That sounds good. Are you using any **events** to trigger the updates?

좋습니다. 업데이트를 트리거하기 위한 **이벤트**를 사용하고 있죠?

Jay: Yes, I've set up a click event with a **callback function** to handle the updates.

네, 업데이트를 처리하기 위해 **콜백 함수**와 함께 클릭 이벤트를 설정했습니다.

Kim: Nice. Have you considered using **promises** for any **asynchronous** operations?

좋네요. **비동기 작업**에 대해 **프로미스**를 사용해 볼 생각은 했나요?

Jay: I have. I'm using promises **to fetch data** from the server. I think it makes the code easier to read compared to using **callbacks**.

네. 서버에서 **데이터를 가져오기 위해** 프로미스를 사용하고 있습니다. 그것이 **콜백**을 사용할 때보다 코드를 더 읽기 쉽게 만들어 주는 것 같습니다.

웹 프레임워크와 라이브러리

웹 개발에는 다양한 프레임워크와 라이브러리가 사용됩니다. 따라서 원활하게 커뮤니케이션을 하려면 프레임워크와 라이브러리 이름을 정확히 어떻게 발음하는지 알아 두는 것이 좋습니다. 다음 표는 웹 개발 프로젝트에서 사용하는 대표적인 프레임워크와 라이브러리 발음을 정리한 것입니다.

▼ 표 3-4 웹 프레임워크와 라이브러리 발음

단어	발음	단어	발음	단어	발음
Angular	**앵귤러** [ˈæŋɡjələr]	Gatsby	**개츠비** [ˈgætsbi]	Spring	**스프링** [sprɪŋ]
Bootstrap	**부-트 스트랩** [ˈbuːtˌstræp]	jQuery	**제이 크위어리** [ˈdʒeɪˌkwɛri]	Svelte	**스벨트** [svɛlt]
Cypress	**사이프리스** [ˈsaɪprɪs]	Laravel	**래러벨** [ˈlærəvɛl]	Tailwind CSS	**테일윈드 씨-에스 에스** [ˈteɪlwɪnd ˈsiːˈesˈes]
Django	**쟁고우** [ˈdʒæŋɡoʊ]	Meteor	**미-티어** [miːtiər]	TypeScript	**타입 스크립트** [ˈtaɪpˌskrɪpt]
Ember	**엠버** [ˈɛmbər]	Next.js	**넥스트 제이에스** [nɛkst ˈdʒeɪz]	Vue	**뷰** [vjuː]
Express	**익스프레스** [ɪkˈsprɛs]	React	**뤼액트** [riˈækt]	WebAssembly	**웹 어셈블리** [wɛb əˈsɛmbli]
Flask	**플래스크** [flæsk]	Ruby on Rails	**루-비 언 레일즈** [ˈruːbi ɒn reɪlz]	Webpack	**웹팩** [ˈwɛbpæk]

다음은 웹 프레임워크와 라이브러리 관련한 영어 문장 예시입니다.

- We are using **React** so that we can build a more interactive user interface.
  우리는 더욱 인터렉티브한 사용자 인터페이스를 구축하기 위해 **리액트**를 사용하고 있습니다.

- **Next.js** allows us to perform **server-side rendering** with our React application.

  넥스트js를 사용하면 리액트 애플리케이션으로 서버 측 렌더링을 수행할 수 있습니다.

- **Webpack** bundles all the JavaScript files and assets for optimized performance.

  웹팩은 성능을 최적화하기 위해 우리의 모든 자바스크립트 파일과 자산을 번들링합니다.

- **TypeScript** adds a type-safety to the JavaScript codebase.

  타입스크립트는 자바스크립트 코드베이스에 타입 안전성을 더합니다.

- **Flask** was chosen **so that** we can quickly prototype new features.

  새로운 기능을 빠르게 프로토타입하기 **위해** 플라스크를 선택했습니다.

NOTE so that 용법과 활용

so that은 절 두 개를 연결하는 데 사용되는 종속 접속사입니다. so that으로 주절과 종속절을 연결하고 **목적, 조건, 원인과 결과** 같은 두 절 사이의 관계를 만듭니다. 문장 구조는 **주절 + so that + 종속절**입니다. 원인과 결과를 나타내는 문장에는 so that 앞에 쉼표를 넣고 that을 생략하기도 합니다.

- (목적) We are implementing caching mechanisms **so that** we can reduce the server load.

  서버 부하를 줄이기 위해 캐싱 메커니즘을 구현하고 있습니다.

◎ 계속

- (조건) Please review the pull request by tomorrow **so that** we can proceed with the deployment.

  배포를 진행할 수 있도록 내일까지 풀 리퀘스트를 검토해 주세요.

- (원인과 결과) We've set up continuous integration, **so (that)** any code changes are automatically tested.

  우리는 지속적인 통합을 설정했습니다. 그래서 코드 변경 사항은 자동으로 테스트 됩니다.

참고로 so와 that을 띄워서 **so ~ that**으로 사용하기도 합니다. 이때는 **너무 ~해서 ~ 하다**는 뜻이 됩니다. 예를 들어 "The code was **so** complex **that** it was hard to understand."라면 "코드가 너무 복잡해서 (그래서) 이해하기 어려웠습니다."라는 의미 로 해석됩니다. 여기에서 so는 '너무(very)'라는 의미로 사용되고, that은 '그래서'라는 의미로 이해할 수 있습니다.

3.1.2 | 모바일 애플리케이션 개발

모바일 애플리케이션 개발은 별도의 분야로 구분하기도 하고, 사용자 인터페이스를 개발하기 때문에 프런트엔드의 한 종류로 구분하기도 합니다. 참고로 모바일 애플리케이션은 네이티브 앱, 웹 앱, 하이브리드 앱으로 나누며, 네이티브 앱은 iOS, 안드로이드 같은 모바일 운영체제에 맞추어서 개발합니다.

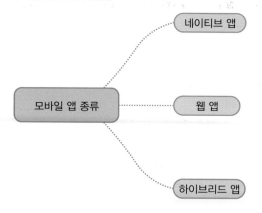

참고로 원어민에게 우리말처럼 모바일이라고 발음하면 대체로 못 알아듣습니다. 모바일의 발음은 모우블['moʊbl]로 '모'에 강세를 주고 '우'는 희미하게 발음해야 합니다. 또한 핸드폰도 핸드폰이라고 하면 못 알아들으며, 셀룰러 폰Cellular Phone 또는 줄여서 셀 폰Cell Phone이라고 하거나 그냥 스마트폰Smart Phone이라고 해야 합니다.

모바일 앱 개발 영어 단어와 표현

다음 표는 모바일 앱 종류와 모바일 앱 개발에서 사용하는 플랫폼, 프로그래밍 언어 등을 정리한 것입니다.

▼ **표 3-5** 모바일 앱 개발 영어 단어

용어	설명
Native App 네이티브 앱	An application developed for specific platforms or operating systems. 특정 플랫폼이나 운영체제를 위해 개발된 애플리케이션
Web App 웹 앱	An application accessible via a web browser. 웹 브라우저를 통해 접근 가능한 애플리케이션

● 계속

용어	설명
Hybrid App 하이브리드 앱	An application that combines elements of both native and web apps. 네이티브와 웹 앱의 양쪽 요소를 결합한 애플리케이션
Single Page App(SPA) 싱글 페이지 앱	An application that loads a single HTML page and dynamically updates content. 단일 HTML 페이지를 로드하고 동적으로 콘텐츠를 업데이트하는 애플리케이션
Flutter 플러터	Google's cross-platform GUI application framework. 구글의 크로스 플랫폼 GUI 애플리케이션 프레임워크
Kotlin 코틀린	A statically typed programming language that runs on the Java Virtual Machine. 자바 가상 머신에서 실행되는 정적 타입의 프로그래밍 언어
Swift 스위프트	A programming language for iOS and macOS development. iOS와 맥OS 개발을 위한 프로그래밍 언어
Objective-C 오브젝티브-C	An object-oriented programming language used for iOS and macOS development. iOS와 맥OS 개발에 사용되는 객체 지향 프로그래밍 언어
ReactNative 리액트 네이티브	A framework for building native apps using React. 리액트를 사용하여 네이티브 앱을 구축하는 프레임워크
Dart 다트	The web programming language developed by Google to replace JavaScript. 구글이 자바스크립트를 대체하려고 개발한 웹 프로그래밍 언어
Software Development Kit(SDK) 소프트웨어 개발 도구 모음	A collection of software tools for developing applications. 애플리케이션 개발을 위한 소프트웨어 도구 모음
Emulator 에뮬레이터	A tool that enables one computer system to behave like another. 컴퓨터 시스템 하나가 다른 것처럼 동작하게 하는 도구
Activity 액티비티	A single screen with a user interface in Android applications. 안드로이드 애플리케이션에서 사용자 인터페이스가 있는 단일 화면
Fragment 프래그먼트	A part of the UI within an Activity that operates independently. 독립적으로 동작하는 액티비티 내 UI 일부

○ 계속

용어	설명
Intent 인텐트	A messaging object used to request an action from another component in Android. 안드로이드에서 다른 컴포넌트에 작업을 요청하는 데 사용되는 메시징 객체
Gesture 제스처	A touch-based interaction in a mobile application. 모바일 애플리케이션에서의 터치 기반 상호 작용
Push Notification 푸시 알림	A message that pops up on a mobile device from an application. 애플리케이션에서 모바일 장치에 팝업되는 메시지
Widget 위젯	A small graphical interface element in a mobile application. 모바일 애플리케이션에서의 작은 그래픽 인터페이스 요소
Simulator 시뮬레이터	A tool used for testing applications in an environment that mimics the operating system. 운영체제를 모방하는 환경에서 애플리케이션을 테스트하는 도구

다음은 모바일 앱 개발과 관련한 영어 단어를 활용한 문장 예시입니다.

- The **native app** provides a smooth user experience but is platform-specific.

  네이티브 앱은 부드러운 사용자 경험을 제공하지만 플랫폼에 특화되어 있습니다.

- The **SPA** loads a single HTML page and dynamically updates content.

  싱글 페이지 앱은 단일 HTML 페이지를 로드하고 동적으로 콘텐츠를 업데이트합니다.

- **Kotlin** is a program language that improves upon Java for Android development.

  코틀린은 안드로이드 개발을 위해 자바를 개선한 프로그래밍 언어입니다.

- Each screen in an Android app is represented by an **activity**.

  안드로이드 앱의 각 화면은 **액티비티**로 표현됩니다.

- **Objective-C** was the primary language for iOS development before **Swift**.

  스위프트가 나오기 전에 **오브젝티브-C**는 iOS 개발의 주요 언어였습니다.

- We **do** need to update the **SDK** for better performance.

  더 나은 성능을 위해 **SDK**를 **꼭** 업데이트해야 합니다.

NOTE 영어에서 강조 표현

영어에서는 동사를 강조할 때 동사 앞에 **do, does, did**를 넣습니다. 한국어로 '꼭, 정말로, 반드시, 확실히' 같은 뜻으로 해석할 수 있습니다. 명사를 강조할 때는 명사 앞에 **very**를 넣으며 '바로 그'라는 뜻으로 해석합니다. 부정문에서는 문장 뒤에 '전혀'라는 뜻의 **at all**을 붙여 부정 의미를 강조할 수도 있습니다.

- (동사 강조) The app **does** support multiple gestures for enhanced user interaction.

  이 앱은 향상된 사용자 상호 작용을 위해 다양한 제스처를 **확실히** 지원합니다.

- (명사 강조) This is the **very** framework we've been looking for.

  이것이 우리가 찾고 있던 **바로 그** 프레임워크입니다.

- (부정문 강조) The app doesn't support swipe gestures **at all**.

  이 앱은 스와이프 제스처를 **전혀** 지원하지 않습니다.

모바일 앱 UI/UX 용어

모바일 앱은 UI 구성이나 동작 측면에서 웹과 다른 부분이 많습니다. 따라서 모바일 앱을 개발할 때는 모바일에 특화된 UI/UX 용어를 미리 알아 두는 것이 원활한 커뮤니케이션에 도움이 됩니다. 다음 표는 모바일 앱 개발과 관련된 UI/UX 용어를 정리한 것입니다.

▼ 표 3-6 모바일 앱 UI/UX 용어

용어	설명
Accordion 아코디언	A collapsible list of items. 접을 수 있는 항목 목록
Carousel 캐러셀	A rotating set of images or content. 회전하는 이미지 또는 콘텐츠 세트
Coach Mark 코치 마크	Overlay hints that guide the user through the app's interface. 앱 인터페이스를 안내하는 오버레이 힌트
Dropdown 드롭다운	A list that appears when a user clicks or taps on a button. 버튼을 클릭하거나 탭하면 나타나는 목록
Floating Action Button(FAB) 플로팅 액션 버튼	A circular button that performs the primary action in an application. 애플리케이션에서 주요 작업을 수행하는 원형 버튼
Hamburger Menu 햄버거 메뉴	A menu icon with three horizontal lines, usually in the top corner. 보통 위쪽 모서리에 있는 수평선 세 개로 구성된 메뉴 아이콘
Hero Image 히어로 이미지	A large, prominent image displayed on web or mobile. 웹이나 모바일에 표시되는 크고 눈에 띄는 이미지
Infinite Scroll 무한 스크롤	A feature that loads more content as the user scrolls down. 사용자가 아래로 스크롤할 때 더 많은 콘텐츠를 로드하는 기능
Lazy Loading 레이지 로딩	Loading only the necessary portions of data as needed. 필요할 때만 필요한 데이터 부분을 로딩하는 것
Modal 모달	A pop-up window that requires user interaction. 사용자 상호 작용이 필요한 팝업 창

⊙ 계속

용어	설명
Pagination 페이지네이션	Dividing content into separate pages. 콘텐츠를 별도의 페이지로 나누는 것
Pull-to-Refresh 당겨서 새로고침	A gesture where pulling down refreshes the content. 아래로 당기면 콘텐츠가 새로 고쳐지는 제스처
Skeleton Screen 스켈레톤 스크린	A blank version of a page into which content is gradually loaded. 콘텐츠가 점차 로드되는 빈 페이지의 버전
Slide Menu 슬라이드 메뉴	A menu that appears from the side of the screen. 화면의 한쪽에서 나타나는 메뉴
Snack Bar 스낵 바	A brief message that appears at the bottom of the screen. 화면 아래쪽에 잠깐 나타나는 메시지
Splash Screen 스플래시 스크린	The initial screen that appears when the app is launched. 앱이 시작될 때 나타나는 초기 화면
Sticky Header 스티키 헤더	A header that remains at the top of the screen as the user scrolls. 사용자가 스크롤해도 화면 위쪽에 남아 있는 헤더
Tab Bar 탭 바	A horizontal menu at the bottom or top of the screen for navigation. 탐색을 위한 화면 아래쪽 또는 위쪽의 수평 메뉴
Tiled Layout 타일드 레이아웃	A layout where items are arranged in a grid. 항목이 그리드 형태로 배열된 레이아웃
Toast Pop-up 토스트 팝업	A small message that appears briefly to give the user some feedback. 사용자에게 간단한 피드백을 주는 잠깐 나타나는 메시지
Toggle 토글	A switch that can be turned on or off. 켜고 끌 수 있는 스위치
Tooltip 툴팁	A small pop-up that displays information when hovering over an element. 요소에 마우스를 올리면 정보를 표시하는 작은 팝업
Walkthrough 워크스루	A series of screens that guide a new user through the app's main features. 앱의 주요 기능을 안내하는 일련의 화면

다음은 모바일 앱 UI/UX 용어를 사용한 영어 예시 문장입니다.

- The **splash screen** will display the app's logo for three seconds.

  스플래시 스크린은 앱의 로고를 3초 동안 표시합니다.

- A **toast pop-up** will appear when the action is successfully completed.

  작업이 성공적으로 완료되면 **토스트 팝업**이 나타날 것입니다.

- The **tab bar** at the bottom allows for easy navigation between sections.

  아래쪽 **탭 바**로 섹션 사이를 쉽게 이동할 수 있습니다.

- We **not only** provide **coach marks** for detailed guidance, **but also** offer a **walkthrough** for new users.

  우리는 상세한 안내를 위해 **코치 마크**를 제공할 **뿐만 아니라**, 새로운 사용자를 위한 **워크스루**도 제공합니다.

> **NOTE** not only A, but also B 용법
>
> not only A, but also B 문장 구조는 **A뿐만 아니라 B도**라는 의미를 나타냅니다. 이 표현은 A와 B를 동시에 제시하면서 전자인 A보다 후자인 **B를 조금 더 강조**하는 뉘앙스를 줍니다. not only와 but also의 위치는 **명사, 동사, 형용사 앞**에 둘 수 있으며, 경우에 따라서 not only를 문장 가장 앞에 두거나 but을 생략하기도 합니다. **not only가 문장 가장 앞**으로 오면 not only를 강조하기 위해 바로 뒤 문장의 주어와 동사 위치가 바뀝니다.

◑ 계속

- (명사, 명사) This user interface has **not only** a slide menu for quick navigation, **but also** toast pop-up features for instant feedback.

  이 사용자 인터페이스는 빠른 탐색을 위한 슬라이드 메뉴**뿐만 아니라** 즉각적인 피드백을 위한 토스트 팝업 기능도 갖추고 있습니다.

- (동사, 동사) The app **not only** uses a tab bar for seamless navigation, **but also** employs modals for important user confirmations.

  이 앱은 매끄러운 탐색을 위해 탭 바를 사용할 **뿐만 아니라** 중요한 사용자 확인을 위해 모달도 사용합니다.

  • **employ** (사람을) 고용하다, (기술, 방법 등을) 사용하다, (자금을) 운용하다

- (형용사, 형용사) The new software update is **not only** efficient, **but also** intuitive.

  새로운 소프트웨어 업데이트는 효율적일 **뿐만 아니라** 직관적이기도 합니다.

- (not only 문장 앞 위치) **Not only** is the new framework scalable, it's **also** easy to maintain.

  새로운 프레임워크는 확장성이 있을 **뿐만 아니라** 유지 보수도 쉽습니다.

3.2 백엔드 개발 실무 영어

백엔드 개발Back-end Development은 서버 로직과 데이터 처리, API 연계 등을 담당하는 분야입니다. 소프트웨어의 최종 사용자와 직접 상호 작용하지는 않으며, 주로 프런트엔드와 연동하여 사용자 요청을 처리합니다. 백엔드 개발에서는 다양한 기술과 도구를 활용하여 복잡한 로직을 구현하고 최적화하는 데 중점을 둡니다.

3.2.1 | 백엔드 프로그래밍 영어

백엔드 프로그래밍 언어

백엔드 개발에서는 파이썬, 자바, C# 등 다양한 프로그래밍 언어를 사용합니다. 다음은 각 프로그래밍 언어에 대한 영어 문장 예시입니다.

- **Python** is popular for its readability and ease of use.
  파이썬은 가독성과 사용의 용이함으로 인기가 많습니다.

- **Java** is often used for building enterprise-level applications.
  자바는 엔터프라이즈급 애플리케이션을 구축할 때 주로 사용됩니다.

- **C#** is also used in web development, particularly with the ASP. NET framework.
  C#은 특히 ASP.NET 프레임워크와 함께 웹 개발에 사용되기도 합니다.

- **Go**, also known as Golang, is praised for its simplicity and efficiency.
  고는 Golang이라고도 알려져 있으며, 간결함과 효율성으로 호평을 받고 있습니다.

- **Rust** is a systems programming language that focuses on safety and concurrency.
  러스트는 안전성과 동시성에 중점을 둔 시스템 프로그래밍 언어입니다.

프로그래밍 패러다임 관련 영어 표현

프로그래밍 패러다임Programming paradigms이란 프로그래밍 방식과 스타일을 정의한 것으로, 프로그래밍에 대한 전반적인 개념과 철학을 담고 있습니다. 대표적인 프로그래밍 패러다임으로는 절차 지향, 객체 지향, 함수형 프로그래밍 등이 있습니다. 다음은 각 프로그래밍 패러다임에 대한 영어 문장 예시입니다.

- **Procedural programming** focuses on the procedure calls and the reuse of code through functions.
  절차 지향 프로그래밍은 프로시저 호출과 함수를 통한 코드 재사용에 중점을 둡니다.

- **Object-oriented programming** organizes code based on 'objects' that contain **both** data **and** methods to reflect real-world entities.
  객체 지향 프로그래밍은 실세계의 엔티티를 반영하기 위해 데이터**와** 메서드 둘 **다** 포함하는 '객체'를 기반으로 코드를 구성합니다.

- **Functional programming** treats computation as the evaluation of mathematical functions, avoiding changing state and mutable data.
  함수형 프로그래밍은 계산을 수학적 함수의 평가로 취급하며, 상태 변경과 가변 데이터를 피합니다.

상관 접속사(Correlative Conjunction)는 둘 이상의 단어가 짝을 이루어 함께 사용되는 접속사를 의미합니다. 대표적인 상관 접속사 종류로는 **both/and, either/or, neither/nor**가 있으며, 이전에 살펴본 not only/but also 역시 상관 접속사입니다.

- A full-stack developer must be proficient in **both** front-end **and** back-end technologies.
  풀스택 개발자는 프런트엔드**와** 백엔드 기술 **모두에** 능숙해야 합니다.

- You can use **either** JavaScript **or** TypeScript for client-side scripting.
  클라이언트 측 스크립팅에 자바스크립트 **또는** 타입스크립트 **중 어느 하나**를 사용할 수 있습니다.

- In a RESTful API, a well-designed endpoint should **neither** expose the underlying database schema **nor** be tightly coupled with the database.
  RESTful API에서 잘 설계된 엔드포인트는 기본 데이터베이스 스키마를 노출하거**나** 데이터베이스와 긴밀하게 연결되어 있으면 **안** 됩니다.

3.2.2 | 데이터베이스 관련 영어

데이터베이스Database는 데이터를 체계적으로 저장하는 데이터 저장소를 의미하며, 백엔드 개발에서 중요한 부분을 차지합니다. 데이터베이스 종류로는 MySQL 같은 관계형 데이터베이스Relational DataBase, RDB와 MongoDB, Redis 같은 NoSQL 등이 있습니다.

데이터베이스 실무 용어

다음 표는 데이터베이스와 관련하여 실무에서 자주 사용되는 용어를 정리한 것입니다. 백엔드 개발자라면 각 데이터베이스 용어가 어떤 의미가 있는지 알고, 짧게라도 영어로 설명할 수 있어야 합니다.

▼ **표 3-7** 데이터베이스 용어

용어	설명
SQL 에스큐엘 또는 씨퀄	Structured Query Language, a domain-specific language for managing relational databases. 구조화된 질의 언어, 관계형 데이터베이스를 관리하는 도메인 특화 언어
Schema 스키마	A blueprint that defines the structure of a database. 데이터베이스 구조를 정의하는 청사진
Table 테이블	A set of data elements organized using a model of vertical columns and horizontal rows. 수직 열과 수평 행의 모델을 사용하여 구성된 데이터 요소의 집합
Row 로우(행)	A single record in a table. 테이블에서 레코드 하나
Column 컬럼(열)	A vertical data set in a table. 테이블에서 수직 데이터 세트
Index 인덱스	A data structure that improves the speed of data retrieval operations. 데이터 검색 작업의 속도를 향상시키는 데이터 구조
Primary Key 기본 키	A unique identifier for a record in a table. 테이블에서 레코드의 고유 식별자
Foreign Key 외래 키	A field in a table that is a primary key in another table. 다른 테이블의 프라이머리 키인 테이블의 필드
Query 쿼리	A request for data from a database. 데이터베이스에서 데이터를 요청하는 것
Join 조인	A SQL operation that combines rows from two or more tables. 두 개 이상의 테이블에서 행을 결합하는 SQL 작업

○ 계속

용어	설명
Transaction 트랜잭션	A sequence of database operations that are treated as a single unit. 단일 단위로 처리되는 데이터베이스 작업의 시퀀스
CRUD 씨알유디	Stands for Create, Read, Update, Delete; basic operations in a database. 생성, 읽기, 업데이트, 삭제를 나타내며 데이터베이스의 기본 작업
Normalization 정규화	The process of organizing data to reduce redundancy. 중복성을 줄이려고 데이터를 구성하는 과정
View 뷰	A virtual table based on the result of a SQL query. SQL 쿼리의 결과를 기반으로 한 가상의 테이블
Trigger 트리거	A procedural code that is automatically executed in response to certain events. 특정 이벤트에 대한 응답으로 자동으로 실행되는 절차적 코드
Stored Procedure 저장 프로시저	A precompiled collection of SQL statements. 미리 컴파일된 SQL 문의 모음
NoSQL 노에스큐엘	Non-SQL or Not Only SQL; databases that store unstructured or semi-structured data. 비구조화 또는 반구조화 데이터를 저장하는 데이터베이스
Shard 샤드	A partition of data in a distributed database. 분산 데이터베이스에서 데이터의 파티션
Replication 복제	The process of copying data from one database to another. 한 데이터베이스에서 다른 데이터베이스로 데이터를 복사하는 과정
Constraint 제약 조건	Rules enforced on data columns in a table. 테이블의 데이터 열에 적용되는 규칙
Cursor 커서	A database object used to traverse records in a database. 데이터베이스에서 레코드를 순회하는 데 사용되는 데이터베이스 객체

다음은 데이터베이스 용어를 활용한 영어 문장 예시입니다.

- I used **SQL** to query the 'employees' **table** and fetch relevant data.

  SQL을 사용하여 'employees' **테이블**을 쿼리하고 관련 데이터를 가져왔습니다.

- The **schema** specifies that the 'users' table should have a 'username' **column**.

  스키마에 따르면 'users' 테이블에는 'username' **열**이 있어야 합니다.

- Each **row** in the 'orders' table has a **primary key**, and it references a **foreign key** from the 'customers' table.

  'orders' 테이블의 각 **행**은 **기본 키**를 가지고 있으며, 이는 'customers' 테이블의 **외래 키**를 참조합니다.

- Creating an **index** on the 'email' column improved the performance of our query.

  'email' 열에 **인덱스**를 생성하여 쿼리 성능이 향상되었습니다.

- After **normalization**, we added a unique **constraint** to the 'products' table.

  정규화 후에, 'products' 테이블에 고유한 **제약 조건**을 추가했습니다.

- The **stored procedure** is triggered whenever a new row is inserted into the view.

  새로운 행이 뷰에 삽입될 때마다 **저장 프로시저**가 트리거됩니다.

데이터베이스 작업에 대한 영어 표현

백엔드 개발에서 주로 하는 데이터베이스 작업으로는 CRUD 쿼리 작성, 인덱스 생성, 테이블 구조 변경, 권한 처리, 데이터베이스 백업 등이 있습니다. 다음은 백엔드 개발에서 데이터베이스 작업에 자주 사용하는 영어 표현입니다.

테이블과 스키마 관련 표현

- Create a table 테이블을 생성하다
- Drop a table 테이블을 삭제하다
- Alter the schema 스키마를 변경하다
- Add a column 열을 추가하다

쿼리와 데이터 조작 관련 표현

- Run a SQL query SQL 쿼리를 실행하다
- Insert a record 레코드를 삽입하다
- Update a record 레코드를 업데이트하다
- Delete a record 레코드를 삭제하다

인덱스와 성능 관련 표현

- Create an index 인덱스를 생성하다
- Drop an index 인덱스를 삭제하다
- Optimize a query 쿼리를 최적화하다
- Analyze query performance 쿼리 성능을 분석하다

트랜잭션과 동시성 관련 표현

- Begin a transaction 트랜잭션을 시작하다
- Commit a transaction 트랜잭션을 커밋하다
- Rollback a transaction 트랜잭션을 롤백하다
- Lock a table 테이블을 잠그다
- Unlock a table 테이블 잠금을 해제하다

NoSQL과 확장성 관련 표현

- Partition a database 데이터베이스를 분할하다
- Replicate data 데이터를 복제하다
- Distribute data across nodes 노드 간에 데이터를 분산시키다
- Use a key-value store 키-값 저장소를 사용하다
- Scale horizontally 수평으로 확장하다
- Implement a partitioning strategy 파티셔닝 전략을 구현하다

3.2.3 | 알고리즘과 자료 구조 영어

개발자는 코드 품질을 높이고, 팀원과 원활하게 커뮤니케이션하려면 알고리즘과 자료 구조를 알아야 합니다. 특히 백엔드 개발에서는 대용량 트래픽을 처리하거나, 복잡한 데이터 연산을 수행하는 경우가 많기 때문에 더욱 알고리즘과 자료 구조를 잘 알고 있어야 합니다. 참고로 알고리즘과

자료 구조 용어는 미국 국립표준기술 연구소NIST에서 만든 Dictionary of Algorithms and Data Structures[1]에 잘 정리되어 있습니다.

알고리즘 관련 용어

알고리즘Algorithm은 효율적인 서버 로직 구현, 데이터베이스 쿼리 최적화, 캐싱 전략 구현 등 작업을 할 때 중요한 역할을 합니다. 예를 들어 정렬 알고리즘이나 검색 알고리즘을 잘 이해하고 있으면 적절한 정보를 더욱 빠르게 추출하는 코드를 작성할 수 있습니다. 다음 표는 알고리즘 관련 용어를 정리한 것입니다.

▼ **표 3-8** 알고리즘 관련 영어 단어

용어	설명
Time Complexity 시간 복잡도	The computational complexity that describes the amount of time taken by an algorithm to run. 알고리즘이 실행되는 데 걸리는 시간을 설명하는 계산 복잡도
Space Complexity 공간 복잡도	The computational complexity that describes the amount of memory an algorithm uses. 알고리즘이 사용하는 메모리양을 설명하는 계산 복잡도
Big O Notation 빅오 표기법	A mathematical notation used to describe the performance or complexity of an algorithm. 알고리즘 성능이나 복잡도를 설명하는 수학적 표기법
Recursion 재귀	A programming technique where a function calls itself. 함수가 자기 자신을 호출하는 프로그래밍 기법
Loop 루프 또는 반복	Repeating a code block like 'for' and 'while' statements. 'for' 문이나 'while' 문처럼 코드 블록을 반복하는 것

○ 계속

---

1 https://xlinux.nist.gov/dads/

용어	설명
Sorting Algorithm 정렬 알고리즘	An algorithm that arranges elements in a particular order. 요소를 특정 순서로 배열하는 알고리즘
Merge Sort 병합 정렬	A divide-and-conquer sorting algorithm. 분할 정복 방식의 정렬 알고리즘
Quick Sort 퀵 정렬	A sorting algorithm that uses a pivot element to partition the array. 피벗 요소를 사용하여 배열을 분할하는 정렬 알고리즘
Searching Algorithm 검색 알고리즘	An algorithm to find an item from a collection. 컬렉션에서 항목을 찾는 알고리즘
Depth-first Search 깊이 우선 탐색	An algorithm for traversing or searching tree or graph structures. 트리나 그래프 구조를 순회하거나 검색하는 알고리즘
Breadth-first Search 넓이 우선 탐색	An algorithm for traversing or searching tree or graph structures level by level. 트리나 그래프 구조를 레벨별로 순회하거나 검색하는 알고리즘
Binary Search 이진 검색	A search algorithm that finds the position of a target value within a sorted array. 정렬된 배열 내에서 대상 값의 위치를 찾는 검색 알고리즘
Hashing 해싱	A technique used to map data to a fixed-size array. 데이터를 고정 크기 배열에 매핑하는 기법
Divide and Conquer 분할 정복	An algorithmic paradigm that breaks problems into smaller subproblems. 문제를 더 작은 하위 문제로 나누는 알고리즘 패러다임
Dynamic Programming 동적 프로그래밍	A method for solving complex problems by breaking them down into simpler subproblems. 복잡한 문제를 더 간단한 하위 문제로 나누어 해결하는 방법
Greedy Algorithm 그리디 알고리즘 또는 탐욕 알고리즘	An algorithmic paradigm that makes locally optimal choices at each stage. 각 단계에서 지역적으로 최적의 선택을 하는 알고리즘 패러다임
Brute Force 브루트 포스 또는 무차별 대입	A straightforward approach to solve a problem by trying every possible combination. 모든 가능한 조합을 시도하여 문제를 해결하는 단순한 접근 방식

다음은 알고리즘 용어를 활용한 영어 문장 예시입니다.

- The **time complexity** of the quick sort algorithm is O(n log n) in average and best case.
  퀵 정렬 알고리즘의 **시간 복잡도**는 평균과 최선의 경우 O(n log n)입니다.

- The Fibonacci sequence can be efficiently calculated using **dynamic programming** to optimize **recursion**.
  피보나치 수열은 **재귀**를 최적화하기 위해 **동적 프로그래밍**을 사용하여 효율적으로 계산할 수 있습니다.

- Both **depth-first search** and **breadth-first search** can be used to traverse the graph.
  깊이 우선 탐색과 **너비 우선 탐색** 둘 다 그래프를 순회하는 데 사용할 수 있습니다.

- While **brute force** can solve the problem, it is not the most efficient way to do so.
  무차별 대입으로 문제를 해결할 수는 있지만, 그것이 가장 효율적인 방법은 아닙니다.

- We optimized the search functionality using a **binary search** algorithm **as well as** implemented caching to reduce time complexity.
  우리는 **이진 검색** 알고리즘을 사용하여 검색 기능을 최적화했을 **뿐만 아니라** 시간 복잡도를 줄이려고 캐싱도 구현했습니다.

as well as 구문은 **~뿐만 아니라**는 뜻으로 사용되며, 명사 as well as 명사 또는 동사 as well as 동사, 형용사 as well as 형용사, 부사 as well as 부사 등 형태로 쓸 수 있습니다.

- (명사, 명사) The software handles data storage **as well as** data retrieval.
  이 소프트웨어는 데이터 저장**뿐만 아니라** 데이터 검색도 처리합니다.

- (동사, 동사) The function validates the input **as well as** generates a log entry.
  이 함수는 입력을 검증할 **뿐만 아니라** 로그 항목도 생성합니다.

- (형용사, 형용사) This algorithm is efficient **as well as** robust.
  이 알고리즘은 효율적일 **뿐만 아니라** 견고하기도 합니다.

- (부사, 부사) The code runs quickly **as well as** smoothly.
  이 코드는 빠를 **뿐만 아니라** 원활하게 실행됩니다.

학교에서 영어 문법을 배울 때 아마 not only A, but also B = B as well as A라는 공식을 배운 적이 있을 것입니다. 이는 두 용법이 **강조하는 부분의 차이**를 설명한 것입니다. 앞서 살펴본 바와 같이 not only/but also 용법에서는 후자를 강조합니다. 반면 as well as 용법에서는 후자에 대해 부차적이거나 이미 다들 알고 있는 것이라는 뉘앙스를 주면서 전자를 더 강조합니다.

- (후자를 강조) The application **not only** stores data **but also** encrypts it for security.
  이 애플리케이션은 데이터를 저장할 **뿐만 아니라** 보안을 위해 암호화합니다.

- (전자를 강조) The application encrypts data for security **as well as** stores it.
  이 애플리케이션은 데이터를 저장할 **뿐만 아니라** 보안을 위해 암호화도 합니다.

자료 구조 관련 용어

자료 구조Data Structure란 데이터를 효과적으로 저장하고 사용하는 방법을 정의한 것입니다. 자료 구조 종류에는 배열, 연결 리스트, 스택, 큐, 트리,

그래프 등이 있으며, 백엔드를 개발할 때 특정 상황에 맞는 자료 구조를 적용할 수 있어야 합니다. 다음 표는 자료 구조와 관련된 영어 단어를 정리한 것입니다.

▼ 표 3-9 자료 구조 관련 용어

용어	설명
Array 배열	A data structure that stores elements of the same type in a contiguous block of memory. 동일한 유형의 요소를 연속된 메모리 블록에 저장하는 데이터 구조
Linked List 연결 리스트	A data structure consisting of nodes that together represent a sequence. 노드로 구성되어 순서를 나타내는 데이터 구조
Stack 스택	A last-in, first-out(LIFO) data structure. 마지막에 들어간 것이 먼저 나오는 데이터 구조
Queue 큐	A first-in, first-out(FIFO) data structure. 먼저 들어간 것이 먼저 나오는 데이터 구조
Tree 트리	A hierarchical data structure with a root element and subtrees. 루트 요소와 하위 트리로 구성된 계층적 데이터 구조
Binary Tree 이진 트리	A tree where each node has at most two children. 각 노드가 최대 두 개의 자식을 가진 트리
Graph 그래프	A set of nodes connected by edges. 엣지로 연결된 노드 집합
Hash Table 해시 테이블	A data structure that maps keys to values. 키를 값에 매핑하는 데이터 구조
Heap 힙	A specialized tree-based data structure that satisfies the heap property. 힙 속성을 만족하는 특수한 트리 기반 데이터 구조
Set 집합	A collection of distinct elements that has no orders. 순서가 없는 개별 요소의 모음
Map 맵	A data structure that maps keys to values, allowing duplicate values but not duplicate keys. 키를 값에 매핑하는 데이터 구조로, 중복 값은 허용되지만 중복 키는 허용되지 않음

○ 계속

용어	설명
Vector 벡터	A dynamic array that can grow or shrink in size. 크기가 늘어나거나 줄어들 수 있는 동적 배열
Doubly Linked List 이중 연결 리스트	A linked list where each node points to both its next node and its previous node. 각 노드가 다음 노드와 이전 노드 양쪽을 가리키는 연결 리스트
Trie 트라이	A tree-like data structure used for storing a dynamic set of strings. 동적 문자열 집합을 저장하는 트리 형태의 데이터 구조
Red-Black Tree 레드-블랙 트리	A self-balancing binary search tree. 자체 균형 이진 검색 트리
AVL Tree 에이브이엘 트리	A self-balancing binary search tree where the balance factor of each node is between –1 and 1. 각 노드의 균형 요소가 -1과 1 사이인 자체 균형 이진 검색 트리
B-Tree 비 트리	A self-balancing tree structure that maintains sorted data in a way that allows for efficient insertion, deletion, and search operations. 삽입, 삭제, 검색 작업이 효율적인 방식으로 정렬된 데이터를 유지하는 자체 균형 트리 구조
Circular Queue 원형 큐	A queue implemented as a circular array or linked list. 원형 배열 또는 연결 리스트로 구현된 큐
Priority Queue 우선순위 큐	A data structure for maintaining a set of elements with priorities. 우선순위가 있는 요소 집합을 관리하는 데이터 구조
Skip List 스킵 리스트	A data structure that allows fast search within an ordered sequence of elements. 정렬된 요소 시퀀스 내에서 빠른 검색을 가능하게 하는 데이터 구조
Union-Find 유니온-파인드	A data structure that keeps track of a set of elements partitioned into disjoint subsets. 서로소 부분 집합으로 분할된 요소 집합을 추적하는 데이터 구조
Bloom Filter 블룸 필터	A probabilistic data structure used to test whether an element is a member of a set. 요소가 집합의 멤버인지 테스트하는 확률적 데이터 구조

◑ 계속

용어	설명
Splay Tree 스플레이 트리	A self-adjusting binary search tree. 자체 조정 이진 검색 트리
Sparse Array 희소 배열	An array in which most of the elements have a default value, typically zero or null. 대부분의 요소가 기본값(일반적으로 0 또는 null)을 가진 배열
Deque 데크	A double-ended queue that allows insertion and removal of elements from both ends. 양쪽 끝에서 요소의 삽입과 제거가 가능한 더블 엔디드 큐
Fibonacci Heap 피보나치 힙	A heap data structure consisting of a collection of heap-ordered trees. 힙 정렬된 트리의 모음으로 구성된 힙 데이터 구조

다음은 자료 구조 용어를 활용한 영어 문장 예시입니다.

- An **Array** is useful for storing data in a sequential manner, and it **also** allows for quick access.

  배열은 데이터를 순차적으로 저장하는 데 유용하며, 액세스 **또한** 빠릅니다.

- We traversed the **binary tree** using depth-first search and stored the results in an array **as well**.

  우리는 깊이 우선 탐색을 사용하여 **이진 트리**를 순회했고 **또한** 결과를 배열에 저장하기**도** 했습니다.

- A **Linked list** is great for dynamic memory allocation, and it can be traversed easily **too**.

  연결 리스트는 동적 메모리 할당에 탁월하며, **또한** 쉽게 순회할 수**도** 있습니다.

also, too, as well 모두 **또한, ~도**라는 뜻으로 같지만, 영어 문장 안에서 쓰는 위치가 다릅니다. 먼저 also는 문장의 **가장 앞이나 중간**에 사용하며, 중간에 사용하는 경우 일반 동사 앞이나 be 동사 뒤에 위치합니다. 반면 as well은 반드시 문장의 **가장 뒤**에 사용해야 하며, too는 문장 중간에 사용하는 경우가 있지만 보통은 문장의 **가장 뒤**에 위치합니다.

- (문장 앞 also 사용) **Also**, the algorithm optimizes for both time and space complexity.
  또한 이 알고리즘은 시간 복잡도와 공간 복잡도 모두를 최적화합니다.

- (일반 동사 앞 also 사용) This function **also** handles edge cases.
  이 함수는 **또한** 경계 상황도 처리합니다.

- (Be 동사 뒤 also 사용) The database is **also** encrypted for added security.
  데이터베이스는 **또한** 추가 보안을 위해 암호화되어 있습니다.

- (문장 뒤 as well 사용) The algorithm sorts the data efficiently **as well**.
  이 알고리즘은 **또한** 데이터를 효율적으로 정렬합니다.

- (문장 뒤 too 사용) This library supports Python **too**.
  이 라이브러리는 **또한** 파이썬도 지원합니다.

참고로 '나도 그렇다'는 뜻으로 Me too를 주로 사용하며 Me as well, So am I, So do I 같은 표현을 쓰기도 합니다. 여기에서 한 가지 주의할 점은 **부정문**에서는 같은 의미로 대답할 때 me too를 쓰지 않고 **me either**를 사용한다는 것입니다(me neither도 가능하지만 일상 회화에서는 보통 me either를 사용합니다).

- I like using Python when it comes to data analysis. → **Me too**.
  데이터 분석에 대해 말하자면 저는 파이썬을 쓰는 것을 좋아합니다. → **저도 그래요**.

- I can't figure out why this function isn't working. → **Me either**.
  이 함수가 왜 작동하지 않는지 알 수 없습니다. → **저도 그래요**.

만약 대화 상대방이 "It's nice to meet you(당신을 만나서 반갑습니다)."라고 했다면 Me too라고 대답하면 안 됩니다. Me too로 대답하면 '나도 나를 만나서 반갑다'는 어색한 표현이 되기 때문입니다. 이때는 **상대방이 말한 문장을 그대로 반복하고 뒤에 too**를 붙이거나 간단히 줄여서 **"You too."**라고 해야 합니다.

● 계속

- 당신을 만나서 반갑습니다. → 저도 당신을 만나서 반갑습니다.

  It's nice to meet you. → Me too. (X)

  It's nice to meet you. → It's nice to meet you **too**. 또는 **You too**. (O)

3.3 기타 개발 분야의 영어

소프트웨어 개발 분야는 웹, 모바일 개발뿐만 아니라 소프트웨어 목적에 따라서 다양한 분야로 나눌 수 있습니다. 각종 디바이스에 적용되는 소프트웨어를 개발하는 임베디드 개발을 비롯하여 데브옵스, 보안, 네트워크, AI/머신 러닝, 게임 개발 등 영역이 다양합니다. 여기에서는 데브옵스, 보안, 임베디드, AI/머신 러닝 개발 분야에 대한 영어 단어와 표현을 알아보겠습니다.

3.3.1 | 데브옵스 관련 영어 단어와 표현

데브옵스DevOps는 Development Operations의 약자로, 소프트웨어의 개발과 운영이 긴밀하게 연결되도록 하는 역할을 합니다. 주로 지속적 통합CI과 지속적 배포CD 같은 자동화된 프로세스를 통해 전체 소프트웨어 생명 주기를 개선하고, 향상된 품질의 소프트웨어를 제공하는 것이 목표입니다. 다음 표는 데브옵스에서 사용하는 용어를 정리한 것입니다.

▼ 표 3-10 데브옵스 관련 용어

용어	설명
Kubernetes 쿠버네티스	A platform for automating deployment, scaling, and management of containerized applications. 컨테이너화된 애플리케이션의 배포, 스케일링, 관리를 자동화하는 플랫폼
Docker 도커	A platform used to develop, ship, and run applications inside containers. 컨테이너 내에서 애플리케이션을 개발, 전송, 실행하는 데 사용되는 플랫폼
CI/CD Pipeline CI/CD 파이프라인	Automated processes of software development and deployment. 자동화된 소프트웨어 개발과 배포 과정
Jenkins 젠킨스	An open-source automation server used to automate parts of the software development process. 소프트웨어 개발 과정의 일부를 자동화하는 오픈 소스 자동화 서버
Ansible 앤서블	An open-source software provisioning, configuration management, and application-deployment tool. 오픈 소스 소프트웨어 프로비저닝, 구성 관리, 애플리케이션 배포 도구
Terraform 테라폼	An open-source infrastructure as code software tool that allows building, changing, and version-controlling infrastructure efficiently. 인프라를 효율적으로 구축, 변경, 버전 관리할 수 있게 해 주는 오픈 소스 코드로서, 인프라 소프트웨어 도구
Load Balancer 로드 밸런서	A device or service that distributes network or application traffic across a number of servers. 네트워크 또는 애플리케이션 트래픽을 여러 서버에 분배하는 장치나 서비스
Virtual Machine 가상 머신	Software emulation of a physical computer, running an operating system and applications just like a physical computer. 물리적 컴퓨터를 소프트웨어로 에뮬레이션하여 운영체제와 애플리케이션을 실행
YAML 야멀	A human-readable data serialization standard that can be used in conjunction with all programming languages(Abbreviation of YAML Ain't Markup Language). 모든 프로그래밍 언어와 함께 사용할 수 있는 사람이 읽을 수 있는 데이터 직렬화 표준 ('YAML은 마크업 언어가 아니다'의 약어)

◉ 계속

용어	설명
Scalability 확장성	The capability of a system to handle a growing amount of work, or its potential to be enlarged to accommodate that growth. 시스템이 점점 늘어나는 작업량을 처리할 수 있는 능력이나 그 성장을 수용할 수 있는 잠재력
Orchestration 오케스트레이션	The automated configuration, coordination, and management of computer systems and software. 컴퓨터 시스템과 소프트웨어의 자동화된 구성, 조정, 관리
Artifact 아티팩트	A byproduct produced during the software development process, often used for debugging or deployment. 소프트웨어 개발 과정에서 생성되는 부산물로, 디버깅이나 배포에 자주 사용됨
Serverless 서버리스	A cloud computing execution model where cloud providers automatically manage the infrastructure. 클라우드 제공자가 인프라를 자동으로 관리하는 클라우드 컴퓨팅 실행 모델
Cloud Native 클라우드 네이티브	An approach to building and running applications that fully exploit the advantages of cloud computing. 클라우드 컴퓨팅의 이점을 최대한 활용하여 애플리케이션을 구축하고 실행하는 접근 방식

다음은 데브옵스 용어를 활용한 영어 문장 예시입니다.

- We use **Kubernetes** for container **orchestration**.

  우리는 컨테이너 **오케스트레이션**을 위해 **쿠버네티스**를 사용합니다.

- **Docker** simplifies the process of containerization.

  도커는 컨테이너화 과정을 단순화합니다.

- The **CI/CD pipeline** automates the build and deployment process.
  CI/CD 파이프라인은 빌드와 배포 과정을 자동화합니다.

- **Jenkins** is used for automating various stages of our CI/CD.
  젠킨스를 CI/CD 파이프라인의 다양한 단계를 자동화할 때 사용합니다.

- The team manages server configurations using **Ansible**.
  그 팀은 **앤서블**을 사용하여 서버 구성을 관리합니다.

- The **load balancer** distributes incoming traffic across multiple servers.
  로드 밸런서는 들어오는 트래픽을 여러 서버에 분배합니다.

- We define our Kubernetes configurations in **YAML** files.
  우리는 **야멜** 파일에서 쿠버네티스 구성을 정의합니다.

3.3.2 | 보안 관련 영어 단어와 표현

보안 개발 분야Security Development는 다양한 형태의 해킹과 사이버 공격에서 시스템을 보호할 수 있는 보안 소프트웨어를 개발하는 분야입니다. 이 분야에서는 암호화, 인증, 침입 탐지 등 다양한 방법을 사용하여 보안 취약점을 식별하고 보안 조치를 구현합니다. 다음 표는 보안 관련 용어를 정리한 것입니다.

▼ 표 3-11 보안 관련 용어

▼ 표 3-11 보안 관련 용어

용어	설명
Firewall 방화벽	System for monitoring and controlling network traffic. 네트워크 트래픽을 제어하는 시스템
Encryption 암호화	Method for converting text to an unreadable format. 평문을 암호화 형식으로 변환하는 방법
VPN(Virtual Private Network) 가상 사설 네트워크	Encrypted network tunnel for anonymous browsing. 익명 인터넷 사용을 위한 암호화된 네트워크
Authentication 인증	Process for verifying user or system identity. 사용자나 시스템 신원을 검증하는 과정
Malware 악성 소프트웨어 또는 멀웨어	Software for disrupting or damaging computer systems. 컴퓨터 시스템을 방해하거나 손상시키는 소프트웨어
Secure Sockets Layer(SSL) 보안 소켓 계층	Protocol for a secure channel in data transmission. 데이터 전송을 위한 보안 채널을 제공하는 프로토콜
DDoS Attack 디도스 공격	Method for overwhelming a system with internet traffic. 대량의 인터넷 트래픽으로 시스템을 마비시키는 방법
Phishing 피싱	Technique for fraudulent emails to trick for information. 정보 획득을 위한 사기성 이메일을 보내는 기법
Cross-Site Request Forgery (CSRF) 사이트 간 요청 위조	Technique for unauthorized commands in web applications. 애플리케이션에서 무단 명령을 실행하는 기법
Cross-Site Scripting(XSS) 크로스 사이트 스크립팅	Method for injecting malicious scripts into websites. 웹 사이트에 악성 스크립트를 삽입하는 방법
SQL Injection SQL 인젝션	Technique for manipulating database queries. 데이터베이스 쿼리를 조작하는 기법
Ransomware 랜섬웨어	Software for encrypting files for ransom. 파일을 암호화하여 몸값을 요구하는 소프트웨어
Zero-Day 제로 데이	Exploit targeting an unknown vulnerability. 알려지지 않은 취약점을 대상으로 하는 익스플로잇

○ 계속

용어	설명
Two-factor authentication(2FA) 2단계 인증	Method for enhanced security via two steps. 두 단계를 이용한 보안 강화 방법
Keylogger 키로거	Software for recording keystrokes. 키 입력을 기록하는 소프트웨어
Rootkit 루트킷	Software for hiding its presence on a system. 시스템에서 존재를 숨기는 소프트웨어
Token 토큰	Object for digital identity verification. 디지털 신원을 검증하는 객체
CAPTCHA 캡차	Test for distinguishing humans from bots. 인간과 봇을 구분하는 테스트
Intrusion Detection System(IDS) 침입 탐지 시스템	System for monitoring malicious activities. 악성 활동을 모니터링하는 시스템
Hashing 해싱	Method for converting data to a fixed string. 데이터를 고정된 문자열로 변환하는 방법
Salt 솔트	Extra data for enhancing hashing security. 해싱 보안을 강화하는 추가 데이터
Cipher 사이퍼	Algorithm for encryption and decryption. 암호화와 복호화를 위한 알고리즘
Honeypot 허니팟	Decoy system for attracting attackers. 공격자를 끌어들이는 더미 시스템
Backdoor 백도어	Method for unauthorized system access. 시스템에 무단으로 접근하는 방법
Antivirus 안티바이러스	Software for detecting and removing malware. 악성 소프트웨어를 탐지하고 제거하는 소프트웨어
Sandbox 샌드박스	Environment for isolated software testing. 소프트웨어 테스트를 위한 고립된 환경

다음은 보안 관련 용어를 활용한 영어 문장 예시입니다.

- The **firewall** blocked an incoming request from an unrecognized IP address.
  방화벽이 인식되지 않는 IP 주소에서 들어오는 요청을 차단했습니다.

- The application uses **AES encryption** to secure user data.
  이 애플리케이션은 사용자 데이터를 보호하려고 **AES 암호화**를 사용합니다.

- **Two-factor authentication** provides an extra layer of security.
  2단계 인증은 추가적인 보안 레이어를 제공합니다.

- The website uses **SSL** to encrypt data between the server and the client.
  이 웹 사이트는 서버와 클라이언트 간에 데이터를 암호화하려고 **보안 소켓 계층(SSL)**을 사용합니다.

- The server went down due to a **DDoS attack**.
  서버가 **DDoS 공격** 때문에 다운되었습니다.

3.3.3 | 임베디드 관련 영어 단어와 표현

임베디드Embedded란 임베디드 소프트웨어, 임베디드 시스템, 임베디드 프로그래밍 등의 줄임 말로 사용되는 용어입니다. 그리고 임베디드 개발

이란 스마트폰, 자동차, 의료 기기, 항공 우주 및 각종 산업 기계에 탑재되는 소프트웨어를 개발하는 분야를 의미합니다. 다음 표는 임베디드 개발과 관련된 영어 단어를 정리한 것입니다.

▼ 표 3-12 임베디드 관련 용어

용어	설명
Micro Controller Unit(MCU) 마이크로 컨트롤러 유닛	A compact integrated circuit designed to govern a specific operation in an embedded system. 특정 임베디드 시스템에서 작동을 제어하는 소형 집적 회로
Firmware 펌웨어	Software that provides control for hardware components. 하드웨어 구성 요소를 제어하는 소프트웨어
Real-Time Operating System(RTOS) 실시간 운영체제	An operating system designed for real-time applications. 실시간 애플리케이션을 위한 운영체제
General Purpose Input/Output(GPIO) 범용 입출력 포트	Pins on a chip that can be either input or output. 입력 또는 출력으로 설정할 수 있는 칩의 핀
Interrupt 인터럽트	A signal that prompts the processor to stop and wait for further instructions. 프로세서가 중지하고 추가 지시를 기다리는 신호
Serial Peripheral Interface(SPI) 직렬 주변 기기 인터페이스	A protocol for serial communication between devices. 장치 간 직렬 통신을 위한 프로토콜
I2C(Inter-Integrated Circuit) 아이 스퀘어 씨 또는 아이 투 씨	A bus for connecting multiple devices. 여러 장치를 연결하는 버스
Universal Asynchronous Receiver/Transmitter(UART) 범용 비동기화 송수신기	A hardware for asynchronous serial communication. 비동기 직렬 통신을 위한 하드웨어
Pulse Width Modulation(PWM) 펄스 폭 변조	A technique to control analog signals with digital output. 디지털 출력으로 아날로그 신호를 제어하는 기술

⊙ 계속

용어	설명
Analog to Digital Converter(ADC) 아날로그-디지털 변환 회로	A device that converts analog signals to digital data. 아날로그 신호를 디지털 데이터로 변환하는 장치
IoT(Internet of Things) 사물 인터넷	A network of physical objects embedded with sensors and software. 센서와 소프트웨어가 내장된 물리적 객체의 네트워크
MQTT(Message Queuing Telemetry Transport) 엠큐티티	A lightweight messaging protocol for IoT devices. IoT 장치를 위한 경량 메시징 프로토콜
Sensor 센서	A device that detects and responds to changes in the environment. 환경 변화를 감지하고 반응하는 장치
Actuator 액추에이터	A device that moves or controls a mechanism. 메커니즘을 움직이거나 제어하는 장치
Edge Computing 엣지 컴퓨팅	Data processing that takes place closer to the data source. 데이터 소스 가까운 곳에서 이루어지는 데이터 처리
Zigbee 직비	A specification for wireless communication. 무선 통신을 위한 사양
CoAP(Constrained Application Protocol) 코앱 또는 제한된 응용 프로토콜	A web transfer protocol for constrained nodes. 제약된 노드를 위한 웹 전송 프로토콜
Gateway 게이트웨이	A device that connects different networks. 다른 네트워크를 연결하는 장치
Telemetry 원격 측정법	The collection of data over remote points. 원격 지점에서 데이터를 수집하는 것

다음은 임베디드 개발 관련 용어를 활용한 영어 문장 예시입니다.

- The **MCU** manages the input and output operations of the embedded system.

  마이크로 컨트롤러 유닛은 임베디드 시스템의 입력과 출력 작업을 관리합니다.

- We need to update the **firmware** to fix the hardware compatibility issues.

  하드웨어 호환성 문제를 해결하려면 **펌웨어**를 업데이트해야 합니다.

- The CPU handles an **interrupt** to process urgent tasks.

  CPU는 긴급한 작업을 처리하기 위해 **인터럽트**를 다룹니다.

- **IoT devices** collect data from the environment and send it to the cloud.

  IoT 장치는 환경에서 데이터를 수집하고 클라우드에 전송합니다.

- **Edge computing** allows data processing to happen closer to where it is generated.

  엣지 컴퓨팅은 데이터가 생성되는 곳에 가까운 위치에서 데이터 처리를 가능하게 합니다.

3.3.4 | AI/머신 러닝 관련 영어 단어와 표현

인공 지능Artificial Intelligence과 머신 러닝Machine Learning 분야는 데이터 분석, 패턴 인식, 자연어 처리 등 다양한 하위 분야를 포함하고 있습니다. 최근

AI/머신 러닝 분야가 각광을 받으면서 IT, 의료, 금융, 제조, 자동차 산업 등 다양한 분야에서 혁신적인 변화를 주고 있죠. 따라서 다른 분야의 개발자라도 AI/머신 러닝 분야에 항상 관심을 두어야 한다고 생각합니다. 다음 표는 AI/머신 러닝 분야에서 사용되는 용어를 정리한 것입니다.

▼ 표 3-13 AI/머신 러닝 용어

용어	설명
Neural Network 신경망	A network modeled after the human brain. 인간 뇌를 모델로 한 네트워크
Data Mining 데이터 마이닝	Extracting patterns from large data sets. 대규모 데이터에서 패턴을 추출
Deep Learning 딥러닝	A type of machine learning with many layers. 다수의 계층을 가진 머신 러닝
TensorFlow 텐서플로	An open-source machine learning framework. 오픈 소스 머신 러닝 프레임워크
Regression 회귀	Statistical method for modeling relationships. 관계를 모델링하는 통계적 방법
Clustering 클러스터링	Grouping similar data points together. 유사한 데이터 포인트를 그룹화
Overfitting 과적합	Model learns noise rather than signal. 모델이 신호보다 노이즈를 학습
Epoch 에포크	One complete forward and backward pass. 전체 데이터에 대한 한 번의 순방향과 역방향 패스
Activation Function 활성화 함수	Function that transforms neuron's input. 뉴런의 입력을 변환하는 함수
Supervised Learning 지도 학습	Learning with labeled data. 레이블이 있는 데이터로 학습

◐ 계속

용어	설명
Unsupervised Learning 비지도 학습	Learning without labeled data. 레이블이 없는 데이터로 학습
Reinforcement Learning 강화 학습	Learning by trial and error. 시행착오를 통한 학습
Feature Engineering 특징 공학	Creating new input features. 새로운 입력 특성을 생성
Bias 편향	Systematic error in model's predictions. 모델 예측의 체계적 오류
Variance 분산	Model's sensitivity to fluctuations. 모델의 변동에 대한 민감도
Decision Tree 결정 트리	Tree-like model for making decisions. 결정을 내리는 나무 모양의 모델
Random Forest 랜덤 포레스트	Ensemble of decision trees. 결정 트리의 앙상블
Gradient Descent 경사 하강법	Optimization algorithm for finding minimum. 최솟값을 찾는 최적화 알고리즘
Hyperparameter 하이퍼파라미터	Settings that govern the learning process. 학습 과정을 지배하는 설정
Convolutional Neural Network(CNN) 합성곱 신경망	Neural network for image recognition. 이미지 인식을 위한 신경망
Recurrent Neural Network(RNN) 순환 신경망	Neural network for sequential data. 순차 데이터를 위한 신경망
Anomaly Detection 이상 탐지	Identifying unusual patterns. 비정상 패턴을 식별
Natural Language Processing(NLP) 자연어 처리	Technology for understanding human language. 인간 언어를 이해하는 기술

○ 계속

용어	설명
K-means K-평균	Clustering algorithm based on centroids. 군집 중심점(centroid)을 기반으로 한 클러스터링 알고리즘
Support Vector Machine (SVM) 서포트 벡터 머신	A supervised learning model for pattern recognition and data analysis. 패턴 인식, 자료 분석을 위한 지도 학습 모델
Naive Bayes Classifier 나이브 베이즈 분류기	Probabilistic classifier based on Bayes' theorem. 베이즈 정리를 기반으로 한 확률적 분류기
Generative Adversarial Networks(GAN) 생성적 적대 신경망	A class of machine learning models that consist of a generator and a discriminator. 생성자와 판별자로 구성된 기계 학습 모델의 한 유형
Autoencoder 오토인코더	Neural network for unsupervised learning. 비지도 학습을 위한 신경망

다음은 AI/머신 러닝 관련 용어를 활용한 영어 문장 예시입니다.

- We implemented a **neural network** to classify images.
  우리는 이미지를 분류하려고 **신경망**을 구현했습니다.

- **Data mining** techniques revealed hidden patterns in the dataset.
  데이터 마이닝 기법으로 데이터셋에서 숨겨진 패턴을 발견했습니다.

- **Deep learning** models are particularly effective for complex tasks.
  딥러닝 모델은 복잡한 작업에 특히 효과적입니다.

- We used **TensorFlow** for **natural language processing**.

  우리는 **자연어 처리**(NLP)를 위해 **텐서플로**를 사용했습니다.

- **Linear regression** was used to predict sales.

  선형 회귀를 사용하여 매출을 예측했습니다.

- We applied **clustering** algorithms to segment the customer base.

  우리는 고객 기반을 세분화하기 위해 **클러스터링** 알고리즘을 적용했습니다.

- The model was **overfitting**, so we introduced regularization.

  모델이 **과적합**되어, 정규화를 도입했습니다.

개발자
비즈니스
실전 영어

업무 이메일 작성

개발자 회의 영어

개발자 프레젠테이션 영어

개발자 업무에서 커뮤니케이션은 중요한 역할을 합니다. 원활한 커뮤니케이션은 프로젝트 목표와 요구 사항을 명확하게 파악하고, 다른 구성원의 협업을 이끌어 낼 수 있기 때문입니다. 다만 해외 개발자와 일할 때는 영어로 소통해야 하기 때문에 커뮤니케이션이 쉽지 않을 때가 많습니다. 챕터 4에서는 개발자의 영어 커뮤니케이션과 관련하여 업무 이메일, 개발자 회의, 개발자 프레젠테이션에서 사용되는 용어와 영어 표현을 알아보겠습니다.

4.1 업무 이메일 작성

개발 업무에서는 이메일이나 업무용 메신저를 이용한 비동기 커뮤니케이션 방식을 많이 사용합니다. 간단한 커뮤니케이션은 슬랙Slack 같은 업무용 메신저를 사용하고, 조금 더 공식적인 업무 진행은 보통 이메일을 작성합니다. 이 중에서 업무 이메일을 작성하는 경우로는 개발 일정 조율, 회의 요청, 작업 진행 보고, 이슈와 장애 발생 등이 있습니다.

4.1.1 | 개발 일정 조율과 회의 요청

개발 일정 조율

개발자 업무 중에서 어려운 부분 중 하나가 바로 개발 일정을 추정하는 것입니다. 보통 프로젝트 매니저나 클라이언트에게 전반적인 개발 일정을 추정해 달라는 요청을 받습니다. 다음 예시는 개발 일정 추정 요청과 그에 대한 회신을 가정한 영문 이메일 예시입니다.

개발 일정 산정 요청

이메일 · · ·

Request for Development Timeline Estimation **for**

[Feature/Project Name]

[기능/프로젝트 이름]에 대한 **개발 일정 추정** 요청

Dear Justin,

저스틴에게,

I hope this email finds you well. We are currently in the planning phase for [Feature/Project Name] and **would appreciate it if** you could provide an estimated timeline for its development.

본 이메일이 잘 전달되길 바랍니다. 현재 [기능/프로젝트 이름]의 계획 단계에 있으며 그 개발에 대한 추정 일정을 제공해 **준다면 감사하겠습니다.**

Could you please review the project scope and **deliverables** and give us an estimate on **how long it would take** to complete?

프로젝트 범위와 **산출물**을 검토하여 완료까지 **얼마나 걸릴지** 추정해 주실 수 있을까요?

Thank you for your time. We **look forward to** your response.

시간을 내어 주셔서 감사합니다. 답변을 **기대하고 있겠습니다.**

Best regards,

John Smith

존 스미스 올림

NOTE **기본적인 영어 이메일 형식**

영어 이메일은 **인사말, 본문, 맺음말**로 구성되며, 가능한 간결하고 핵심적인 내용만 담는 것이 좋습니다. **인사말**(Salutation)은 격식을 갖춘 이메일에서는 Dear를 주로 사용하고, 캐주얼한 이메일에는 보통 Hi나 Hello를 넣습니다. 수신자가 불명확할 때는 To Whom It May Concern(담당자에게) 같은 표현을 사용하기도 합니다. 인사말 뒤에는 **쉼표**를 넣습니다.

- 격식을 갖춘 이메일
  Dear Mr.[성] / Dr.[성] / Professor [성]

- 비공식적이고 캐주얼한 이메일
  Hi [이름] / **Hello** [이름]

- 수신자가 불명확한 이메일
  To Whom It May Concern / Dear Sir/Madam

본문(Body)에서는 상대방을 잘 모르는 경우 간단한 자기소개를 넣고, 이메일을 보낸 목적을 한두 문장으로 적습니다. 다음으로 상세한 내용을 설명하고, 필요하다면 다음 단계나 조치 사항 등을 명시합니다. 이때 가독성을 높이려고 번호나 글머리 기호(불릿 포인트)를 사용하기도 합니다. 참고로 이메일 **본문을 시작할 때** 다음과 같은 **인사말**을 넣기도 합니다.

◑ 계속

- I hope this email finds you well.
  본 이메일이 잘 전달되길 바랍니다.

- I hope all is well with you.
  모든 것이 잘되고 있길 바랍니다.

- I hope you're having a good [day/week].
  좋은 [하루/주] 되고 계시길 바랍니다.

마지막으로 **맺음말**(Closing)에서는 Best regards, Sincerely, Respectfully 같은 문구를 넣고 이름, 회사 이름, 직위, 연락처 등을 적습니다. 맺음말은 '안부를 전합니다', '진심을 다합니다', '존경을 표합니다' 같은 의미를 갖지만 그저 형식적인 맺음말로, 우리말로 번역하자면 **올림**이나 **배상** 정도가 됩니다.

개발 일정 산정 요청에 대한 회신

이메일   • • •

Re: Request for Development Timeline Estimation for [Feature/Project Name]

답변: [기능/프로젝트 이름]에 대한 **개발 일정 추정** 요청

Dear Smith,
스미스에게,

Thank you for **reaching out**. After a **thorough** review of the project scope and deliverables, our estimate for the development of [Feature/Project Name] **is as follows**.
연락해 주셔서 감사합니다. 프로젝트 범위와 제공할 결과물을 **꼼꼼히** 검토한 결과, [기능/프로젝트 이름]의 개발에 대한 추정은 **다음과 같습니다**.

Key Points:

주요 사항:

- Estimated Timeframe: **Approximately** 6-8 weeks

  예상 시간표: **대략** 6-8주

- Scope: [Brief description of the **project scope**]

  범위: [**프로젝트 범위**에 대한 간단한 설명]

- Deliverables: [List of **deliverables** to be provided]

  제공될 산출물: [제공될 **산출물 목록**]

Please Note:

유의 사항:

- This is a **preliminary** estimate.

  이것은 **초기** 추정입니다.

- **Subject to** change based on **further** discussions and clarification of requirements.

  추가적인 논의와 요구 사항 명확화에 따라 **변경될 수 있습니다.**

Best regards,

Justin Choi

저스틴 최 올림

NOTE 개발 일정 산정하는 방법

참고로 개발 일정을 산정하는 방법에는 톱다운, 바텀업, 유사 추정, 3점 추정 방법 등이 있습니다. 개발 일정 산정과 관련하여 다음과 같은 용어와 영어 표현을 알아 두면 조금 더 원활하게 커뮤니케이션을 할 수 있습니다.

- **Top-down estimating** involves breaking down the work from **the highest level of deliverables** and expertise to estimate the duration and cost.
  톱다운 추정은 작업을 **가장 높은 단계의 산출물**에서 세분화하고, 전문성을 활용하여 기간과 비용을 추정하는 방법입니다.

- **Bottom-up estimating** starts with **the most detailed level of tasks** and aggregates them to give an overall estimate.
  바텀업 추정은 **가장 세부적인 수준의 단계**부터 시작하여 이를 집계해서 전체적인 추정을 제공하는 방법입니다.

- **Analogous estimating** uses data from past projects that are similar to the current project to estimate duration and cost.
  유사 추정은 현재 **프로젝트와 유사한 과거 프로젝트**의 데이터를 사용하여 기간과 비용을 추정하는 방법입니다.

- **Three-point estimating** uses optimistic, pessimistic, and most likely **scenarios** to provide a range of estimates.
  3점 추정은 낙관적, 비관적, 가장 가능성이 높은 **시나리오**를 사용하여 추정 범위를 제공하는 방법입니다.

회의 요청과 일정 확인

규모나 예산에 상관없이 프로젝트 요구 사항을 명확히 하는 것은 어려운 작업입니다. 따라서 요구 사항을 명확히 해야 하는 부분이 있으면 관련자를 모아 회의를 합니다. 다음은 프로젝트 요구 사항을 명확히 하기 위한 회의 요청 이메일 예시입니다.

Request for Meeting to Discuss Requirements for

[Feature/Project Name]

[기능/프로젝트 이름]에 대한 요구 사항을 **논의하는 회의** 요청

Dear Smith,

I hope you're having a good day. As we are in the planning phase of the [Feature/Project Name], I believe **it's crucial** for us to have a clear understanding of the requirements.
좋은 하루 보내고 계시길 바랍니다. 현재 [기능/프로젝트 이름]의 계획 단계에 있어 요구 사항을 명확히 이해하는 것이 **중요하다고** 믿고 있습니다.

So, I would like to propose **a meeting to discuss** the following:
그래서 다음 사항을 **논의하는 회의**를 제안하고 싶습니다.

- **Detailed** requirements for features
  기능에 대한 **상세** 요구 사항
- **Expected** deliverables
  예상 결과물
- **Potential** challenges and solutions
  잠재적인 문제와 해결 방안

Would you be available for a meeting on [Date] at [Time]? If not, please suggest **alternative** dates and times that work for you.

[날짜] [시간]에 회의가 **가능하신가요**? 만약 안 된다면, 귀하에게 맞는 **다른** 날짜와 시간을 알려 주시면 감사하겠습니다.

Looking forward to your response.
답장을 **기대하고 있겠습니다**.

Best regards,

Justin Choi

회의 일정이 정해지면 보통 2~3일 전쯤 예정대로 회의에 참석할 수 있는지 확인하는 이메일을 보냅니다. 다음은 회의 참석 여부를 확인하는 영어 이메일 예시입니다.

이메일   • • •

Confirmation for Meeting on [Date] to Discuss [Feature/Project Name]

[기능/프로젝트 이름] 논의를 위한 회의 일정 **확인** [날짜]

Dear Smith,

I hope all is well with you. As we have a scheduled meeting **on [Date] at [Time]** to discuss the requirements for [Feature/Project Name], I wanted to confirm if **we are still on track** for this meeting.

모든 것이 잘되고 있길 바랍니다. **[날짜] [시간]**에 [기능/프로젝트 이름]에 대한 요구 사항을 논의하기 위한 예정된 회의가 있는 바, 이 회의가 **예정대로(순조롭게) 진행될 수 있는지** 확인하고자 합니다.

Please let me know if the date and time **still work for you** or if there are any changes needed.

날짜와 시간이 **여전히 괜찮은지** 또는 변경이 필요한지 알려 주시면 감사하겠습니다.

Best regards,

Justin Choi

4.1.2 | 작업 진행 상황 보고

작업 진척 보고

팀 또는 클라이언트와 원활하게 커뮤니케이션하기 위해 주기적으로 현재 진행하고 있는 작업 상황을 업데이트하면 좋습니다. 다음은 작업 진척 상황을 공유하는 영어 이메일 예시입니다.

Progress Update on API Integration with HR Team for XXX Project

XXX 프로젝트에서 HR 팀과의 API 연동 작업 **진척 업데이트**

Dear Smith,

I hope you have a good week. I am writing to update you **on the progress of** the API integration between our development team and the HR team for the XXX project.

좋은 한 주 보내고 있길 바랍니다. 저는 XXX 프로젝트에 대한 저희 개발 팀과 HR 팀 간 API 통합 **작업 진척에 대한** 업데이트를 알려 드리고자 이 메일을 쓰고 있습니다.

As of today, we have completed the following milestones:

오늘 현재까지, 다음과 같은 마일스톤을 완료했습니다.

- **Authentication** mechanism setup

  인증 메커니즘 설정
- Data mapping **between** our system **and** the HR system

  우리 시스템과 HR 시스템 **간의** 데이터 매핑
- **Preliminary testing** on a staging environment

  스테이징 환경에서의 **예비 테스트**

We are **currently working on**:

현재 진행 중인 **작업**은 다음과 같습니다.

- **Finalizing** the data synchronization process

  데이터 동기화 프로세스 **마무리**
- Conducting **integration testing** to check data integrity and security

  데이터 무결성과 보안을 점검하는 **통합 테스트** 진행
- Preparing for the deployment to the **production environment**

  운영 환경으로 배포 준비

Our estimated timeline for the completion of the **remaining tasks** is October 15th, 2024.

남은 작업을 완료할 예상 타임라인은 2024년 10월 15일입니다.

If you have any questions or require further clarification, please **do not hesitate to** contact me.

질문이나 추가 설명이 필요하시면 **망설이지 마시고** 저에게 연락해 주시기 바랍니다.

Best regards,

Justin Choi

이슈와 일정 지연 보고

개발 프로젝트는 항상 일정대로 진행되거나 이슈 없이 순조롭게 끝나는 경우가 많이 없습니다. 다음은 프로젝트 진행 과정 중 이슈가 발생하여 일정이 지연되는 상황을 공유하는 영어 이메일 예시입니다.

Delay in **API Integration with HR Team for XXX Project** Due to Issues

이슈로 인한 XXX 프로젝트의 HR 팀과의 API 연동 작업 **지연**

Dear Smith,

I hope this email finds you well. **I regret to inform you that** we are experiencing some delays in the API integration process between our development team and the HR team for the XXX project.

본 이메일이 잘 전달되길 바랍니다. **안타깝게도** XXX 프로젝트에 대한 저희 개발 팀과 HR 팀 간의 API 통합 과정에서 지연이 되고 있다고 **알려 드리게 되어 유감입니다.**

The issues we have **encountered** are as follows:

저희가 **마주한** 문제점은 다음과 같습니다.

- **Unexpected** data inconsistencies between our system and the HR system

  우리 시스템과 HR 시스템 간 **예상치 못한** 데이터 불일치
- **Technical challenges** in the authentication mechanism

  인증 메커니즘의 **기술적인 어려움**
- **Unplanned** server downtime affecting our staging environment

  스테이징 환경에 영향을 미치는 **계획되지 않은** 서버 다운타임

Due to these issues, we anticipate a delay of approximately 1-2 weeks in our original timeline. We are actively working to resolve these challenges and will **keep you updated** on our progress.

이런 문제로 인해, 원래 일정에서 대략 1-2주 정도 지연될 것으로 예상됩니다. 우리는 이런 문제를 적극적으로 해결하기 위해 노력하고 있으며 진척 상황을 계속 **업데이트해 드리겠습니다.**

Thank you for your understanding and continued support.
이해와 지속적인 지원에 **감사드립니다.**

Best regards,
Justin Choi

4.1.3 | 장애가 발생할 때 대응법

장애 보고

보통 팀이나 프로젝트에는 미리 약속된 시스템 장애 보고 절차와 장애 대응 프로토콜이 있습니다. 그중에는 장애 발생 상황을 공유하는 이메일 공지 방법이 있기도 합니다. 다음은 장애가 발생할 때 팀 전체에 상황을 알리는 영어 이메일 예시입니다.

[Urgent] HR Information App Outage - Attention Required

[긴급] XXX 프로젝트 임직원용 HR 정보 앱 장애 - 주의 필요

Dear Team,

팀 여러분에게,

I **am writing to inform you that** we are currently experiencing an **unexpected outage** with our HR Information App developed for the XXX project.

XXX 프로젝트에서 개발한 임직원용 HR 정보 앱에 **예상치 못한 장애**가 발생했음을 본 이메일로 알려 드립니다.

The issue started at **approximately 9:00 AM** today and **is affecting** multiple functionalities, including employee profiles and payroll services.

이 문제는 오늘 **오전 9시경**에 시작되어 직원 프로필과 급여 서비스 등을 포함하여 여러 기능에 **영향을 미치고 있습니다.**

Impact:

영향:

- **Inability to access** employee profiles

  직원 프로필에 **접근할 수 없음**

- Payroll services are **down**

  급여 서비스 중단

- **Delay** in HR processes

  HR 프로세스 **지연**

Current Status:

현재 상황:

- We are **investigating** the issue with the operation team.

  운영 팀과 함께 문제를 **조사하고 있습니다**.

- Preliminary analysis suggests **a server overload**.

  예비 분석에 따르면 **서버 과부하**가 원인으로 보입니다.

Next Steps:

다음 단계:

- A full diagnostic will be run to identify the **root cause**.

  근본 **원인**을 파악하기 위해 전체 진단을 실시할 예정입니다.

- An update will be provided **within the next 2 hours**.

  다음 2시간 내에 업데이트를 제공할 예정입니다.

Best regards,

Justin Choi

조치 완료와 확인 테스트 요청

시스템 장애가 해결되면 그에 대한 내용을 이메일로 공지하기도 합니다. 아울러 조치 완료 공지와 함께 클라이언트나 이해 당사자에게 시스템 정상 작동 여부에 대한 테스트와 피드백을 요청하기도 합니다.

이메일   · · ·

[Update] HR Information App Outage Resolved - Request for Confirmation Testing

[업데이트] XXX 프로젝트 임직원용 HR 정보 앱 장애 **해결 – 확인 테스트** 요청

Dear Team,

I am pleased to inform you that the outage affecting the HR Information App for the XXX project has been resolved **as of 1:00 PM** today. The root cause was identified as a server overload, and **corrective measures** have been conducted.

오늘 **오후 1시부로** XXX 프로젝트의 임직원용 HR 정보 앱에 대한 장애가 해결되었음을 알려 드립니다. 근본 원인은 서버 과부하로 확인되었으며, **수정 조치**가 완료되었습니다.

Resolution Details:

해결 방안 상세

- **Server capacity** increased

  서버 용량 증대

- DB query **optimizations** performed

  데이터베이스 쿼리 **최적화** 진행

Next Steps:

다음 단계:

- Please perform confirmation testing **to ensure** all functionalities are working as expected.

  모든 기능이 예상대로 작동하는지 **확인하고자** 확인 테스트를 진행해 주시기 바랍니다.

- **Report any issues** immediately to the development team.

  어떤 문제이든 개발 팀에 즉시 **보고해 주시길 바랍니다.**

We would like to thank you for your **cooperation** during this outage. Your **prompt attention** to the confirmation testing will be highly appreciated.

이번 장애 동안 여러분이 보여 준 **협력**에 감사드립니다. 확인 테스트에 대해 **신속히 응해** 주시면 매우 감사하겠습니다.

Best regards,

Justin Choi

4.2.1 | 회의 관련 용어

개발자 업무에서 회의는 많은 부분을 차지합니다. 생산적인 회의는 팀원 간 커뮤니케이션을 원활하게 하고, 프로젝트가 수월하게 돌아갈 수 있게 합니다. 이번에는 개발자 회의와 관련해서 각종 용어와 회의를 진행하는 데 필요한 영어 표현을 살펴보고, 추가로 화상 회의에서 자주 사용하는 영어 표현도 함께 알아보겠습니다.

개발자 회의 종류

우선 개발자가 참여하는 회의에는 어떤 종류가 있고, 영어로 어떻게 표현하는지 살펴보겠습니다.

- **Stand-up Meeting**: A daily meeting to discuss what each team member has done, what they plan to do, and any **blockers** they are facing.
  스탠드업 미팅: 팀원 각자가 어떤 일을 했는지, 앞으로 어떤 일을 할 것인지, 어떤 **난관**이 있는지 논의하는 일일 미팅

- **Sprint Planning Meeting**: A meeting at **the beginning of** each sprint to decide what tasks will be worked on.
  스프린트 계획 미팅: 각 스프린트를 **시작할 때** 어떤 작업을 할지 결정하는 미팅

- **Retrospective Meeting**: A meeting at **the end of** a sprint or project to discuss what went well and what needs improvement. (Commonly abbreviated as **Retro**.)
  회고 미팅: 스프린트나 프로젝트를 **종료할 때** 무엇이 잘되었고, 무엇이 개선되어야 하는지 논의하는 미팅(줄여서 **Retro**라고도 함)

- **Code Review Meeting**: A meeting where developers **review each other's code** for code quality and adherence to coding standards.
  코드 리뷰 미팅: 코드 품질과 코딩 표준 준수에 대해 개발자들이 **서로의 코드를 검토하는** 미팅

- **Technical Review Meeting**: A meeting to review and discuss **technical issues** or **architectural decisions**.
  기술 검토 미팅: **기술적 문제**나 **아키텍처 결정**을 검토하고 논의하는 미팅

- **Kick-off Meeting**: A meeting to **mark the beginning** of a project or a new phase.
  킥오프 미팅: 프로젝트나 새로운 단계의 **시작을 새기는** 미팅

- **Status Update Meeting**: A meeting to share the **current progress** of the project among team members.
  상황 업데이트 미팅: 팀원들 사이에서 프로젝트의 **현재 진척 상황**을 공유하는 미팅

- **All-hands Meeting**: A meeting involving **all members**, usually to discuss overall company matters or important updates.
  전사 미팅: 모든 **구성원**이 참여하는 미팅으로, 주로 회사의 전반적인 사항이나 중요한 업데이트를 논의하는 미팅

이 밖에도 개발자가 참여하는 회의 종류에는 일대일 미팅을 의미하는 원-온-원One-on-One, 직접 클라이언트와 소통하는 클라이언트 미팅Client Meeting, 디자인 요소를 검토하는 디자인 리뷰 미팅Design Review Meeting, 학습이나 연구 발표를 위한 워크숍Workshop 등이 있습니다.

개발자 회의 용어

회의를 진행하는 사람은 chairperson 또는 줄여서 chair라고 합니다. 회의 참석자는 attendee 또는 participant라고 합니다. 회의를 주관하는 것은 Run a meeting이라고 하며, 회의에 참석하는 것은 Attend a meeting이라고 표현합니다. 이 밖에 개발자 회의에서 사용하는 용어를 다음 표에 정리했습니다.

용어	설명
Agenda 아젠다 또는 의제	Topics to be discussed in a meeting. 미팅에서 논의될 주제
Objectives 목표	Goals to be achieved in a meeting or project. 미팅이나 프로젝트에서 달성할 목표
Minutes 회의록	A written record of a meeting. 미팅 내용을 기록한 문서
Facilitator 회의 조력자	A person guides a meeting. 미팅을 가이드하는 사람
Timekeeper 타임키퍼	A person monitors the time at a meeting. 회의에서 시간을 모니터링하는 사람
Scrum 스크럼	A framework for agile project management. 애자일 프로젝트 관리를 위한 프레임워크
Scrum Master 스크럼 마스터	A person facilitates scrum processes. 스크럼 프로세스를 진행하는 사람
Sprint 스프린트	A time-boxed period for work in scrum. 스크럼에서 작업을 위한 시간이 제한된 기간
Backlog 백로그	A list of tasks to be done. 수행할 작업의 목록
Kanban 칸반	A visual workflow management tool. 시각적 작업 흐름 관리 도구
Time-boxed 시간 제한이 있는	A fixed time for a task or a meeting. 작업이나 회의에 대한 고정된 시간
Action Items 액션 아이템	Tasks assigned during a meeting. 미팅 중에 할당된 작업
Follow-up 팔로업	Actions to be taken after a meeting. 미팅 후에 진행할 작업

◐ 계속

용어	설명
What Went Well 잘한 점	Positive aspects discussed in a Retro. 레트로에서 논의된 긍정적인 측면
What to Improve 개선할 점	Areas for improvement discussed in a Retro. 레트로에서 논의된 개선할 영역
Designate 지정하다	To formally choose someone for a role. 역할을 위해 공식적으로 누군가를 선택
Formality 격식	The level of adherence to procedures. 절차를 얼마나 준수하는지에 대한 정도
Show of Hands 거수 투표	A vote by raising hands. 손을 들어 투표하는 것
Wrap Up 마무리하다	To conclude or summarize a meeting. 미팅을 마무리하거나 요약
Apologies (for absence) (불참에 대한) 양해	Expressions of regret for absence of a meeting. 회의 결석에 대한 사과
Clarifications 해명	Explanations to remove confusion. 혼동을 제거하는 설명

다음 예시는 앞서 살펴본 회의 용어를 활용하여 만든 영어 문장입니다.

- Let's discuss **what went well** in the last sprint.

  지난 스프린트에서 **잘된 부분**에 대해 논의해 봅시다.

- We need to identify **what to improve** for the next sprint.

  다음 스프린트를 위해 **개선할 부분**을 확인해야 합니다.

- Let's **wrap up** the meeting by summarizing the key points.

  주요 사항을 요약하여 미팅을 **마무리합시다.**

- The **minutes** of the last meeting were **circulated** to all team members for review.
지난 미팅의 **회의록**이 모든 팀원에게 검토를 위해 **배포되었습니다**.

  • circulate ~을 배포하다(알리다), (소문 등이) 유포되다, 순환하다

4.2.2 | 회의 진행 영어 표현

이번에는 회의할 때 사용하는 영어 표현을 알아보겠습니다. 회의의 진행 순서는 얼마나 공식적이고 격식을 갖추어야 하는지에 따라서 다르지만, 대체로 간단한 인사와 함께 의제 설명, 의제별 논의, 요약과 결론 순으로 진행됩니다.

회의 시작과 의제 설명

회의를 시작할 때 간단한 인사와 함께 참석자를 소개합니다. 이를 영어로 Welcoming attendees라고 합니다. 불참자가 있거나 회의 지연 등을 이야기해야 할 때 이를 Apologies라고 하며, 우리말로는 양해를 구하는 말 정도로 해석할 수 있습니다.

- **[Welcoming attendees]** Good morning, everyone, welcome to the meeting for HR system API development. I see some **new faces** here, so let's start with **a quick round of introductions**.
[참석자 환영 인사] 여러분, 좋은 아침입니다. HR 시스템 API 개발을 위한 미팅에 오신 것을 환영합니다. **처음 뵙는 분들이** 계신 것 같으니, **빠르게 돌아가면서 자기소개를** 하는 것으로 시작하겠습니다.

- **[Apologies]** Before we start, I'd like to **apologize** for the delay in starting today's meeting and for the absence of our team lead.

  [양해를 구하는 말] 시작하기 전에, 오늘 미팅의 시작이 지연된 점과 저희 팀 리더님이 참석하지 못한 점에 대해 **사과드립니다.**

간단한 인사와 소개가 끝나면 이제 회의를 통해 달성하고자 하는 목표Objectives와 회의에서 논의할 의제Agenda를 설명합니다.

- The **primary objective** of today's meeting is to finalize the API interface specifications for integrating the HR system with the employee app.

  오늘 미팅의 **주요 목표**는 HR 시스템과 임직원 앱의 연동을 위한 API 인터페이스 규약을 확정하는 것입니다.

- **Today's agenda** includes reviewing the API documentation, discussing authentication methods, and covering the development schedule.

  오늘 안건은 API 문서 검토, 인증 방법에 대한 논의, 개발 일정을 포함하고 있습니다.

의제별 논의와 질문

본격적으로 회의하면 의제별로 각종 논의가 이어지게 됩니다. 여기에서는 의견이나 아이디어 제시, 질문과 반박, 발언권 전달, 의제 전환 등에 대한 영어 표현이 사용됩니다.

의견이나 아이디어 제시하기

- Make a suggestion 제안하다
- Put forth a proposal 제안을 내놓다
- Present an idea 아이디어를 제시하다
- Bring up a point 요점을 제기하다
- Broach a subject 주제를 꺼내다

다음은 의견이나 아이디어를 제시하는 영어 표현 예시 문장입니다.

- Can I **make a suggestion**?
  제가 **제안** 하나 해도 될까요?

- I'm **putting forth a proposal** to refactor the legacy code.
  레거시 코드를 리팩터링할 수 있는 **제안을 내놓습니다.**

- I'd like to **present an idea** for improving our deployment process.
  배포 프로세스를 개선하는 **아이디어를 제시**하고 싶습니다.

- I'd like to **bring up a point** about code quality.
  코드 품질에 대한 한 가지 **요점을 제기**하고 싶습니다.

- I'd like to **broach the subject** of adopting a new version control tool.
  새로운 버전 관리 도구를 도입하는 **주제를 꺼내고** 싶습니다.

질문하기

- Talk in more detail about ~을 조금 더 자세히 말하다
- Clarify about ~을 명확히 하다
- Explain about ~을 설명하다
- Elaborate on ~을 자세히 설명하다

다음은 회의에서 질문할 때 사용하는 영어 표현 예시 문장입니다.

- Could you **talk in more detail about** the architecture of the new system?
  새로운 시스템의 아키텍처를 **조금 더 자세히 말해** 주실 수 있나요?

- Can you **clarify** what you said **about** the security measures?
  보안 조치에 대해 말씀하신 부분을 **명확히 해** 주실 수 있나요?

- Could you **explain about** the changes in the latest code update?
  최근 코드 업데이트에서 변경 사항을 **설명해** 주실 수 있나요?

- Would you mind **elaborating on** the timeline for the project?
  프로젝트의 타임라인을 **조금 더 자세히 설명해** 주실 수 있나요?

참고로 질문할 때 Who, When, Where, What, How, Why 등 의문사나 Be 동사, Do 동사 등으로 시작할 수도 있습니다. 다만 이런 질문은 상황에 따라 다소 직설적인 느낌을 줄 수 있습니다. 따라서 최대한 정중한 느낌을 주고 싶다면 Could you, Can you, Would you mind 같은 표현을 사용하는 것이 좋습니다.

NOTE Would you mind -ing 표현

Would you mind -ing 또는 Do you mind -ing는 **정중하게 부탁**하거나 **상대방 양해**를 구할 때 사용하는 표현입니다. 직역하면 '~하는 것이 꺼려집니까?'라는 뜻입니다. 하지만 한국어로 번역할 때는 '~해 주실 수 있나요?' 또는 '~해도 될까요?'라는 의미로 해석됩니다.

- **Would you mind** telling me where the meeting room is?
  회의실이 어디 있는지 말씀해 주실 수 있나요?

- **Would you mind** opening the widow?
  창문을 열어도 **될까요?**

여기에서 주의할 점은 Would you mind 뒤에 **동명사**를 써야 한다는 것입니다. 그리고 **대답할 때도 주의**해야 합니다. 만약 Would you mind -ing에 대해 Yes라고 답하면 "네, 그러고 싶지 않습니다."라는 답이 되기 때문에 Not at all 같은 **부정어로 답**해야 합니다.

- **Would you mind** reviewing this pull request by the end of the day?
  오늘 하루가 끝나기 전에 이 풀 리퀘스트를 리뷰해 주실 수 있나요?

- **Not at all**. I'll take a look.
  전혀 문제없습니다. 한번 봐 볼게요.

Not at all 대신에 **Sure, go ahead**나 **Of course** 같은 표현을 써서 긍정의 대답을 할 수도 있습니다. 따라서 부정어로 대답하는 것이 익숙하지 않으면 그냥 Sure로 대답하는 것만 익혀도 충분합니다.

- **Would you mind** clarifying what you said about the change request.
  변경 요청에 대해 말씀하신 부분을 명확히 해 주실 수 있나요?

- **Sure**. What I said is that……
  물론이죠. 제가 말한 것은……

만약 **부정적인 대답**을 하려고 한다면 "Yes, I would mind."라고 하면 됩니다. 하지만 이런 표현은 직설적이고 무례한 느낌을 주기 때문에 **I'm sorry but**이나 **Unfortunately** 같은 표현을 사용합니다. 참고로 Would you mind -ing와 동일한 표현으로 **Would you mind if~**가 있으며, 대답하는 방법도 동일합니다.

ⓞ 계속

- **Would you mind if** I take a look at your code for reference?
  제가 참고할 수 있도록 코드를 좀 봐도 **될까요**?

- (긍정 반응) **Sure**, go ahead.
  물론이죠. 그렇게 하세요.

- (부정 반응) Yes, I would mind. (X)

- (부정 반응) **I'm sorry but** I can't share the code due to company policy. (O)
  죄송합니다만 회사 정책 때문에 코드를 공유할 수 없어요.

이의 제기나 우려 사항 언급하기

- Raise an objection to ~에 이의를 제기하다
- Mention a concern 우려를 언급하다
- Highlight a matter 문제를 강조하다
- Point out a fact 사실을 지적하다

다음은 회의에서 이의를 제기하거나 우려 사항을 언급할 때 쓰는 영어 표현 예시 문장입니다.

- **It seems like** unrealistic given our current workload. So, I'd like to **raise an objection to** the proposed deadline.
  현재의 작업량을 고려하면 비현실적인 **것 같습니다**. 따라서 제안된 마감일**에 이의를 제기**하고 싶습니다.

- **I'd like to mention a concern** about the security vulnerabilities in the new update.
  새로운 업데이트의 보안 취약점에 대해 **우려를 말하고 싶습니다**.

- **I'd like to highlight the matter** of inconsistent code quality across the team.

  팀 전체에서 코드 품질이 일관되지 않다는 **문제를 강조하고 싶습니다.**

- **I'd like to point out a fact** that our application's load time has slowed down by 20% after the recent deployment of new feature.

  최근 새로운 기능 배포 후에 우리 애플리케이션의 로딩 시간이 20% 느려졌다는 **사실을 지적하고 싶습니다.**

> **NOTE** **부드럽게 이의 제기나 반박하는 방법**
>
> 상대방 의견에 이의를 제기하거나 반박할 때는 가능한 **공손한 표현**을 사용하는 것이 좋습니다. 예를 들어 That's wrong(그건 틀렸습니다)보다 I'd like to offer a different perspective(다른 관점을 제시하고 싶습니다)로 말하는 것이 상대방을 배려한 공손한 표현입니다.
>
> 특히 **I'd like to**는 자신의 의견을 정중하게 표현하는 방법으로 자주 쓰입니다. I'd like to 외에도 **I wonder if, It seems like, I believe** 같은 표현을 사용하면 조금 더 부드럽게 이의를 제기하거나 상대방 의견에 반박하는 느낌을 줍니다.
>
> - (직설적인 표현) You didn't consider the security implications of this approach.
>
>   당신은 이 방법의 보안적 영향을 고려하지 않았습니다.
>
> - (정중한 표현) **I wonder if** we've considered the security implications of this approach.
>
>   우리가 이 방법의 보안적 영향을 고려해 보았는지 **궁금합니다.**
>
> - (직설적인 표현) This solution is not scalable.
>
>   이 솔루션은 확장성이 없습니다.
>
> - (정중한 표현) **It seems like** this solution might not be scalable.
>
>   이 솔루션은 확장성이 없는 것 같아 보입니다.

◐ 계속

- (직설적인 표현) You aren't considering the user experience?
  당신은 사용자 경험을 고려하지 않았습니다.

- (정중한 표현) **I believe** that we should also consider the user experience.
  저는 우리가 사용자 경험도 고려해야 한다고 믿습니다(=생각합니다/여깁니다).

추가로 **상대방 기분을 상하지 않게** 이의 제기나 반박하는 방법으로 **수동태**를 쓰는 방법이 있습니다. 수동태는 행위 주체를 특정하지 않기 때문에 어떤 문제에 대해 개인의 책임보다 문제 자체에 집중할 수 있게 합니다.

- (능동태) **You** didn't follow the coding standards in this module.
  이 모듈에서 **당신은** 코딩 표준을 지키지 않았습니다.

- (수동태) The **coding standards** were not followed in this module.
  이 모듈에서는 **코딩 표준이** 지켜지지 않았습니다.

- (능동태) **John** missed the deadline for the new feature.
  존은 새 기능에 대한 마감 기한을 놓쳤습니다.

- (수동태) The **deadline** was missed for the new feature.
  새 기능에 대한 **마감 기한을** 놓쳤습니다.

- (능동태) **She** introduced a bug in the latest commit.
  그녀는 최근 커밋에서 버그를 발생시켰습니다.

- (수동태) A **bug** was introduced in the latest commit.
  최근 커밋에서 **버그가** 발생했습니다.

- **introduce** 도래하다, 도입하다[1]

발언권 전달과 의제 전환

- Hand over to 다음 발언자에게 넘기다

- Move on to ~로 넘어가다

---

[1] 참고로 "A bug was made."라고 하면 고의로 bug가 만들어졌다는 뉘앙스를 풍깁니다. 따라서 보통 "A bug was introduced." 또는 "A bug emerged."라는 표현을 사용합니다.

- Shift the focus to 초점을 ~로 옮기다
- Segue into ~로 이어지다

다음은 회의에서 발언권을 전달하거나 의제를 전환할 때 사용하는 영어 표현 예시 문장입니다.

- I've finished discussing the front-end updates. I'll **hand over to** Jane now to talk about the back-end.
  프런트엔드 업데이트 설명을 마쳤습니다. 이제 백엔드를 설명할 제인에게 **넘기겠습니다.**

- We've covered the API changes **so far**. Let's **move on to** the database schema.
  우리는 **지금까지** API 변경 사항을 다루었습니다. 이제 데이터베이스 스키마로 **넘어가겠습니다.**

  • **so far** 지금까지(예: So far, so good 지금까지는 좋다)

- Now that we've discussed the security concerns, let's **shift the focus to** performance optimization.
  보안 문제를 논의했으니 이제 성능 최적화로 **초점을 옮기겠습니다.**

- The topic of code quality **segues into** our next agenda item: code reviews.
  코드 품질 주제가 다음 안건인 코드 리뷰로 **이어집니다.**

회의 요약과 마무리

회의가 끝나면 진행자는 전체적인 회의 내용을 요약하고 회의를 종료합니다. 이때 회의에서 논의된 내용은 따로 회의록으로 남겨 참가자에게 이메일 등으로 보내기도 합니다. 다음은 회의가 끝날 때 회의 내용을 요약하고 마무리하는 영어 표현입니다.

- In summary(=To sum up) 요약하자면
- Send out an email 이메일을 보내다
- Close the meeting 회의를 종료하다
- Wrap up 회의 등을 마무리 짓다

다음은 회의를 마무리할 때 사용하는 영어 표현 예시 문장입니다.

- **In summary**, we've identified the key issues and assigned tasks to team members.
  요약하면, 우리는 주요 문제를 파악하고 팀 멤버에게 작업을 할당했습니다.

- I will **send out an email** summarizing today's discussion and the action items we've agreed upon.
  오늘 논의한 내용과 우리가 합의한 액션 아이템을 정리하여 **이메일로 보내겠습니다**.

- If there are no further questions, I'd like to **close the meeting**.
  더 이상 질문이 없다면 **회의를 종료하겠습니다**.

- Thank you for your time. Let's **wrap up**.
  시간 내 주셔서 감사합니다. (회의를) **마무리하겠습니다**.

4.2.3 | 화상 회의 영어

팬데믹 이후 IT 업계에서는 재택근무가 늘어났고, 화상 회의를 많이 하게 되었습니다. 영어로 화상 회의는 Online Meeting 또는 Video Conference라고 하며, 재택근무는 Work From Home(WFH)이라고 합니다. 이번에는 화상 회의에서 사용하는 용어를 살펴보고, 화상 회의에서 문제가 발생했을 때 사용하는 영어 표현을 알아보겠습니다.

화상 회의 용어

화상 회의는 먼저 회의 주최자가 회의를 생성하고 참석자를 초대(Invitation) 합니다. 그리고 초대받은 사람은 참석 여부에 따라 수락(Accept), 잠정적 수락(Tentative), 거절(Decline) 중에서 하나를 선택합니다. 이 밖에 화상 회의와 관련된 용어를 다음 표에 정리했습니다.

▼ **표 4-2** 화상 회의에서 사용하는 용어

용어	설명
Share the Screen 화면 공유하기	To show your computer screen to others. 자신의 컴퓨터 화면을 다른 사람에게 보여 주기
Mute/Unmute 뮤트/언뮤트(무음/무음 해제)	To turn the microphone on or off. 마이크를 켜거나 끄기
Freeze 멈춤	When the video or screen stops moving. 비디오나 화면이 멈추는 상황
Delay 지연	A lag or latency in the video or audio. 비디오나 오디오에서 지연이 발생
Break Up 브레이크 업 또는 깨짐	When the video or audio becomes choppy. 비디오나 오디오가 끊기는 상황

○ 계속

용어	설명
Echo 에코 또는 울림	Hearing a repeated sound in the call. 통화 중에 소리가 반복되어 들리는 상황
Background Noise 배경 소음	Unwanted sounds from the environment. 주변 환경에서 나는 원치 않는 소리
Disconnected(=Kicked Out) 연결 끊김(킥트 아웃)	Being removed from the video call. 비디오 통화에서 나가게 되는 상황
Speak Up 크게 말하기	To talk louder for others to hear. 다른 사람들이 들을 수 있도록 크게 말하기
Switch Over to 전환하기	To change the focus of the presentation. 프레젠테이션 초점을 옮기기

다음은 화상 회의 용어를 활용한 영어 문장 예시입니다.

- Could you please **share your screens** so that we can review the code together?

  코드를 함께 검토할 수 있게 **화면을 공유해** 주시겠어요?

- Could you please **speak up**?

  더 크게 말씀해 주실 수 있나요?

- Now, let's **switch over to** my presentation to discuss the new feature.

  이제, 새로운 기능을 논의하기 위해 제 프레젠테이션으로 **넘어가겠습니다.**

 **NOTE** **Move meeting up/down(back)**

회의 일정을 변경할 때 Move meeting up/down(back)이라는 표현을 사용하기도 합니다. 이 표현을 모르고 들으면 그 뜻을 유추하기가 어려운데요. **온라인 캘린더**에서 일정 변경하는 것을 생각해 보면 쉽게 이해할 수 있습니다.

▼ 그림 4-1 Move meeting up/down 이해

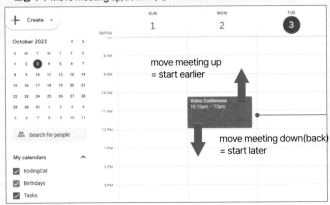

그림 4-1을 보면 Move meeting up이란 표현은 **회의를 앞당긴다**는 뜻입니다. 반면 Move meeting down 또는 back은 **회의를 뒤로 미룬다**는 뜻이 됩니다.

- Can we **move the code review meeting up** to 10 AM? I have a tight schedule in the afternoon.
  코드 리뷰 회의를 오전 10시로 앞당길 수 있을까요? 오후에 일정이 꽉 차 있어서요.

- I need to reschedule some tasks. So, can we **move the sprint planning meeting down** to 3 PM?
  제가 일정을 재조정해야 해서, **스프린트 계획 회의를 오후 3시로 미룰 수 있을까요?**

화상 회의에서 문제가 생겼을 때 영어 표현

화상 회의에서는 인터넷 끊김이나 여러 가지 기술적인 문제가 발생할 때가 많습니다. 이와 관련해서 미리 화면이나 음향을 체크하고 기술적인 문제를 말할 수 있는 영어 표현을 익혀 두면 좋습니다.

- Can everyone see **my screen**?

  모두 **제 화면**을 볼 수 있나요?

- Can you **hear me** now?

  지금 **제 소리를 들을** 수 있나요?(=지금 들리나요?)

- I think you're **on mute**(=Your microphone is off).

  무음 상태인 것 같습니다(=마이크가 꺼져 있습니다).

- There's a **delay** on my screen(=I'm experiencing **lag**).

  화면이 **지연**되고 있습니다(=렉 걸리고 있습니다).

  > • **lag** 지연, 시차, 뒤처지다

- You are **breaking up**.

  소리가 **끊기고 있어요**.

- I can hear **an echo** and **background noise**.

  에코와 배경 소음이 들립니다.

- I have **kicked out**(=disconnected) due to an **internet outage**.

  인터넷이 끊겨서 튕겼습니다(=연결이 끊겼습니다).

  > • **Internet Outage** 인터넷 중단, 인터넷 연결 끊김

프레젠테이션 능력은 개발자가 갖추어야 하는 중요한 비즈니스 스킬입니다. 따라서 해외 취업을 하거나 해외 개발자와 일하려면 여러 상황에서 영어로 프레젠테이션하는 연습을 해야 합니다. 이 절에서는 임직원용 HR 앱 개발을 발표하는 상황을 가정하여 영어 프레젠테이션 표현을 학습하겠습니다.

4.3.1 | 프레젠테이션 오프닝

프레젠테이션을 시작할 때는 간단한 인사와 함께 프레젠테이션의 목적과 대상, 주요 내용 등을 간략하게 알리고 시작합니다. 다음은 프레젠테이션 오프닝에서 사용하는 영어 표현 예시입니다.

Good morning, everyone. Thank you for **joining me**. Today, I'm going to talk about the development of an employee app **integrated with** the HR system.
안녕하세요, 여러분. **참석해 주셔서** 감사합니다. 오늘, 저는 HR 시스템과 **연동된** 임직원용 앱 개발을 말씀드리려고 합니다.

The **primary objective** of this application is to **streamline** HR processes and **enhance** the convenience of accessing HR information for employees.
이 애플리케이션의 **주요 목표**는 HR 프로세스를 **간소화**하고 임직원의 HR 정보 이용 편의성을 **향상시키는** 것입니다.

◐ 계속

So, the app **will serve as** a one-stop solution for employees to access HR services **such as** leave applications, payroll, and performance reviews.
이 앱은 휴가 신청, 급여, 성과 평가**와 같은** HR 서비스에 대한 임직원들의 원스톱 솔루션**으로 제공될 것입니다.**

As you may already know, this presentation is **intended for** our development team, project managers, and others who are interested in HR interface.
아시다시피, 이 프레젠테이션은 개발 팀, 프로젝트 관리자, HR 인터페이스에 관심이 있는 분들을 **대상으로** 합니다.

4.3.2 | 프레젠테이션 본론(앱 개요 설명)

오프닝에 이어 본론에서는 본격적으로 프레젠테이션의 주제를 다룹니다. 여기에서는 예시로 유스 케이스 다이어그램과 시퀀스 다이어그램으로 임직원용 앱을 설명하는 영어 표현을 알아보겠습니다.

- To give you a **comprehensive understanding**, Today's presentation will **cover** an application overview with a use case diagram and sequence diagram.
  전반적인 이해를 돕기 위해, 오늘 프레젠테이션은 유스 케이스 다이어그램과 시퀀스 다이어그램으로 애플리케이션 개요를 **다룰** 예정입니다.

유스 케이스 다이어그램 설명하기

참고로 유스 케이스 다이어그램이란 시스템이 외부 요소와 어떻게 상호 작용하는지를 나타낸 UML 다이어그램을 의미합니다. 주요 구성 요소로는 유스 케이스Use Case, 액터Actor, 관계Relationships가 있습니다.

▼ 그림 4-2 유스 케이스 다이어그램의 예시

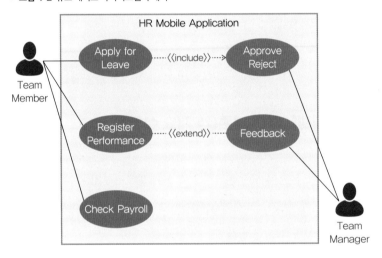

유스 케이스는 시스템이 수행해야 할 특정 작업을 나타내며 타원형으로 표시합니다. 액터는 시스템과 상호 작용하는 외부 요소를 의미하고 막대 사람 모양으로 나타냅니다. 관계는 유스 케이스와 액터 간 상호 작용을 의미하며 선Line으로 표현합니다. 이제 그림 4-2를 보면서 임직원용 HR 앱의 기능을 설명하는 영어 표현을 살펴보겠습니다.

- I am going to **go over** the use case diagram for the new application. This diagram **shows** the main interactions between the application and its users.

새로운 애플리케이션에 대한 유스 케이스 다이어그램을 **살펴보겠습니다**. 이 다이어그램은 애플리케이션과 사용자 간 주요 상호 작용을 **보여 줍니다**.

- **As you can see**, the application **is represented** by the box at the center. The users **are represented** by stick figures, which **are labeled** as the team member and team leader.
  보다시피, 애플리케이션은 중앙의 상자로 **나타냅니다**. 사용자는 막대 사람으로 **나타내며**, 이들은 팀 멤버와 팀 리더로 **표시되어** 있습니다.

- **In this diagram**, there are three main use cases. The first one is 'Apply for Leave', **where** team members can directly submit their leave requests through the app, and the team manager can **either** approve **or** reject them.
  이 다이어그램에는, 세 가지 주요 유스 케이스가 있습니다. 첫 번째는 '휴가 신청하기'로, **여기에서는** 팀원이 앱으로 직접 휴가를 신청할 수 있으며, 팀 매니저는 이를 승인 또는 부결 **중 하나를** 할 수 있습니다.

- The second one is 'Register Performance', **where** team members can input their **performance metrics** and receive feedback from the team manager.
  두 번째는 '성과 등록하기'입니다. **여기에서는** 팀원이 자신의 **성과 지표를** 입력하고 팀 매니저에게 피드백을 받을 수 있습니다.

- **Lastly**, the third one is 'Check Payroll', **where** team members can check their salary details, and download **pay stubs**.

  마지막으로, 세 번째는 '급여 확인하기'입니다. **여기에서는** 팀원이 앱으로 자신의 급여 내역을 확인하고, **급여 명세서**를 내려받을 수 있습니다.

• **pay stub** 급여 명세서(=pay slip, wage slip)

NOTE 관계사의 제한적 용법 vs 계속적 용법

관계사는 주절과 종속절을 이어 주며, **관계대명사와 관계부사**로 나뉩니다. 관계대명사는 주절의 **주어, 목적어, 보어**를 꾸며 주고 관계부사는 시간, 장소, 이유 등을 나타내며 주절의 **동사**를 꾸며 주는 역할을 합니다.

- 관계대명사 종류: who, whom, whose, which, that, when, where
- 관계부사 종류: when, where, why

관계사는 **제한적 용법**과 **계속적 용법**으로 쓰입니다. 제한적 용법은 **선행사를 한정**하여 꾸며 주는 용법이며, 계속적 용법은 쉼표(,)로 한 번 끊고 **다음 문장을 계속** 이어 가는 용법을 의미합니다. 두 용법은 다음 예문과 같이 **의미상 차이**가 있습니다.

- (제한적 용법) He has a son **who** lives in Boston.
  그는 보스턴에 사는 아들이 하나 있습니다(보스턴에 살고 있지 않은 다른 아들이 있을 수 있음).

- (계속적 용법) He has a son, **who** lives in Boston.
  그는 아들이 하나 있습니다. 그리고 그 아들은 보스턴에 삽니다.

첫 번째 예문에서 관계대명사 who는 몇 명이 있을지 모르는 그의 아들 중 한 명에만 **범위를 한정**하고 있습니다. 즉, 아들 한 명이 보스턴에 살고 있다는 정보만 주고 그에게 아들이 몇 명 있는지는 정확히 알려 주지 않습니다.

반면 계속적 용법에서는 아들이 단 한 명이라는 정보를 주고 **계속해서** 그 아들이 보스턴에 살고 있다는 **추가 정보**를 주고 있습니다. 즉, 두 번째 예문에서는 그에게 아들이 단 한 명이라는 것과 그 아들이 보스턴에 살고 있다는 것을 알 수 있습니다.

시퀀스 다이어그램 설명하기

이번에는 시퀀스 다이어그램으로 애플리케이션 개요를 설명하는 영어 표현을 살펴보겠습니다. 여기에서 시퀀스 다이어그램이란 시스템 내 객체 간 상호 작용과 프로세스를 시각화한 다이어그램을 의미합니다. 시퀀스 다이어그램의 주요 구성 요소로는 객체, 라이프라인, 메시지가 있습니다.

▼ **그림 4-3** 시퀀스 다이어그램 예시

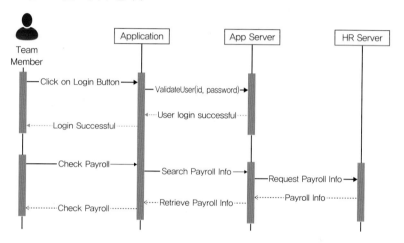

시퀀스 다이어그램의 객체는 위쪽에 위치하며 직사각형으로 표현됩니다. 라이프라인은 객체 아래로 내려가는 수직선으로 표현하며 객체의 생명 주기를 나타냅니다. 메시지는 라이프라인 간에 그려진 화살표이며 객체가 서로에게 어떻게 정보를 전달하는지 표현합니다. 이제 그림 4-3 시퀀스 다이어그램을 보면서 애플리케이션 기능을 설명하는 영어 표현을 살펴보겠습니다.

- Next, we'll **take a brief look** at the process of salary inquiry in the application **through** a sequence diagram. First, the user **is required to** log in to the application.

  다음으로, 시퀀스 다이어그램을 **통해** 애플리케이션의 급여 조회 과정을 **간단히 살펴보겠습니다.** 우선, 사용자는 애플리케이션에 로그인**해야 합니다.**

  • **be required to** ~해야 한다, ~하도록 되어 있다, ~하도록 요구되다

- **Upon clicking** the login button, user verification is initiated by the App Server, **from which** the login success message is then returned to the app.

  로그인 버튼을 **클릭하면,** 앱 서버에 의해 사용자 검증이 시작되고, **(앱 서버에서)** 로그인 성공 메시지가 앱에 반환됩니다.

  • **Upon ~ing** ~하자마자 ~하면

- Then, **upon** the user **searching** for their salary, the App Server, **in which** the information is stored, checks first for the salary information. If there is no **appropriately** cached data, it requests salary information to the HR system.

  그다음, 사용자가 급여를 **조회하면,** (그 안에) 정보가 저장되어 있는, 앱 서버가, 우선 급여 정보를 확인합니다. 만약 **적절하게** 캐시된 데이터가 없으면, HR 시스템에 급여 정보를 요청합니다.

- **Next**, the App Server **receives** the salary information **from** the HR system and returns it to the app. **Through this process,** the user can view their pay stub **via** the application.

  다음으로, 앱 서버는 HR 시스템**에서** 급여 정보를 **받아** 앱에 반환합니다. **이 과정을 거쳐,** 사용자는 앱을 **통해** 자신의 급여 명세서를 확인할 수 있습니다.

  • **via** ~를 경유하여, ~를 통해

NOTE 전치사 + 관계대명사 용법

앞서 설명했듯이 관계부사는 **시간**, **장소**, **이유** 등을 나타내며 주절의 동사를 꾸며 줍니다. 관계부사의 종류에는 when, where, why가 있으며, 이들은 **전치사 + 관계대명사**로 나타낼 수 있습니다. 예를 들어 where는 at + which, in + which 등으로 나타낼 수 있습니다.

- 이 레스토랑은 제가 아침 식사를 한 레스토랑입니다.

  This is the restaurant. I had breakfast **at** the restaurant.

  This is the restaurant **which** I had breakfast **at**.

  This is the restaurant **at which** I had breakfast.

  This is the restaurant **where** I had breakfast.

앞의 예문은 모두 **같은 의미**를 나타냅니다. 참고로 전치사 + 관계대명사는 한국어로 번역하기 어려운 경우가 많습니다. 따라서 직관적으로 해석하는 방법을 익혀야 합니다. 앞서 시퀀스 다이어그램 설명에서 나온 문장도 앞과 같은 방식으로 간단하게 나타내면 다음과 같습니다.

- 이것은 앱 서버입니다. **이 앱 서버로부터** 앱은 로그인 성공 여부를 받습니다.

  This is the App Server. The app receives the login success status **from** the App Server.

  This is the App Server **which** the app receives the login success status **from**.

  This is the App Server **from which** the app receives the login success status.

  This is the App Server **where** the app receives the login success status.

- 이것은 앱 서버입니다. **이 앱 서버 안에** 급여 정보가 저장되어 있습니다.

  This is the App Server. The salary information is stored **in** the App Server.

  This is the App Server **which** the salary information is stored **in**.

  This is the App Server **in which** the salary information is stored.

  This is the App Server **where** the salary information is stored.

참고로 **일상 영어 회화**에서는 앞 예시의 두 번째 문장처럼 **전치사를 문장 가장 뒤에** 두고 말하는 경우가 많습니다. 다만 전치사는 기본적으로 다른 품사 앞에 쓰이기 때문에 **공식 문서나 고급 영어**에서는 **전치사 + 관계대명사** 형태의 문법을 주로 사용합니다.

4.3.3 | 프레젠테이션 마무리

프로젝트 타임라인 설명

　프레젠테이션을 마무리할 때는 앞서 설명한 내용을 요약하거나 향후 진행될 사항Next Steps을 이야기하기도 합니다. 여기에서는 그림 4-4의 간트 차트Gantt Chart로 앞으로 프로젝트가 어떤 타임라인으로 진행될지 설명하는 영어 표현을 알아보겠습니다.

▼ **그림 4-4** 프로젝트 타임라인 간트 차트 예시

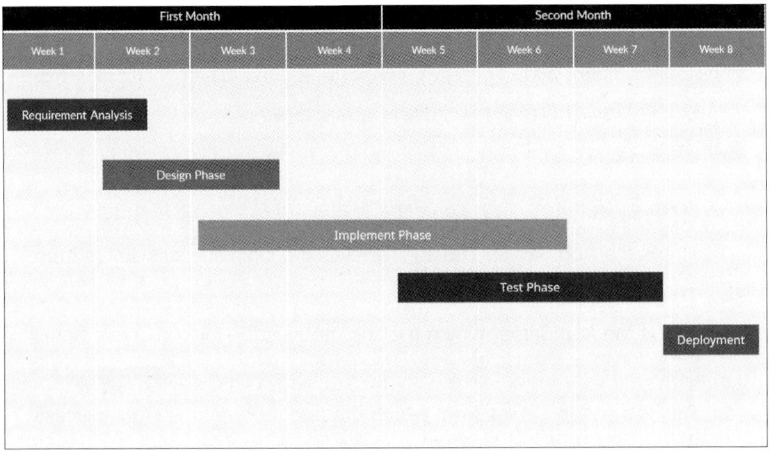

- When it comes to the project timeline, I'd like to go over the **Gantt Chart** for this project, which **spans** over two months. Please note that some phases may **overlap** slightly.

  프로젝트 타임라인에 대해서, 약 두 달 간에 **걸쳐 진행될**, 프로젝트의 **간트 차트**를 살펴보겠습니다. 일부 단계는 다소 **겹칠 수 있음**을 참고해 주시기 바랍니다.

　　　　　　　　　　　　• **span** (얼마의 기간에) 걸치다, 걸쳐 이어지다

- The first 1.5 weeks will **be dedicated to** gathering and analyzing requirements. **Following that**, we will spend approximately 2 weeks on the design, which includes **both** the UI/UX **and** the system architecture.

  처음 1.5주는 요구 사항을 수집하고 분석하는 데 **전념할** 것입니다. **그다음으로**, 대략 2주를 설계에 사용할 예정입니다. 여기에는 UI/UX와 시스템 아키텍처 **둘 다** 포함됩니다.

  • **be dedicated to** 전념하다, 바치다, 헌신하다

- Then, we will **move on** to the implementation phase, which will take about 4 weeks. This is the core part of the project where the **actual coding** happens.

  그다음으로, 구현 단계로 **넘어가게 되며**, 이 단계는 약 4주가 소요될 예정입니다. 이 부분은 **실제로 코딩**을 하는 프로젝트의 핵심 부분입니다.

  • **move on** ~로 넘어가다

- **Subsequently**, we will **allocate** around 3 weeks for testing, which includes unit tests, integration tests, and user acceptance tests. **Finally**, in the last week, we will deploy the application.

  그 후에는, 테스트를 위해 약 3주를 **할애할** 예정입니다. 여기에는 단위 테스트, 통합 테스트, 사용자 수용 테스트가 포함됩니다. **최종적으로**, 마지막 주에는, 애플리케이션을 배포할 예정입니다.

  • **subsequently** 그 후에, 다음의 | **allocate** 할당하다, 할애하다

질문 받기

보통 프레젠테이션이 끝나면 발표 내용에 대해 질문을 받습니다. 다음 문장은 프레젠테이션 마무리와 함께 추가로 질문이 있는지 물어보는 영어 표현 예시입니다.

- This is the **end of my presentation**. Thank you for listening. After this presentation, we will **distribute** the detailed project plan. **Are there any questions**?

  이것이 제 **발표의 마지막**입니다. 들어 주셔서 감사합니다. 발표가 끝난 후에는, 자세한 프로젝트 계획을 **배포**할 예정입니다. **혹시 질문 있으신가요?**

NOTE 인터랙티브 프레젠테이션

질문과 답변(Q&A)은 보통 프레젠테이션이 끝날 때 합니다. 하지만 **발표 중간**에 질문과 답변을 주고받는 프레젠테이션도 있는데요. 이를 **인터랙티브 프레젠테이션**(Interactive Presentation)이라고 합니다. 인터랙티브 프레젠테이션을 하는 경우에는 발표를 시작할 때 다음과 같이 말해 줍니다.

- **Feel free** to interrupt me if you have any questions.
  질문이 있으시면 **마음껏** 끼어들어 주세요.

- This is an interactive presentation, so please ask questions **anytime**.
  이것은 인터랙티브 프레젠테이션입니다. 그러니 **언제든** 질문해 주시기 바랍니다.

- I welcome questions **throughout the presentation**.
  프레젠테이션 도중에도 질문을 환영합니다.

발표 중간에 질문을 받지 않고, 발표 끝에만 질문을 받을 때는 다음과 같이 말합니다.

- Please **hold your questions** until the end of the presentation.
  프레젠테이션이 끝날 때까지 **질문은 보류**해 주시기 바랍니다.

- We will have a **Q&A session** at the end, so please save your questions for then.
  마지막에 **질의응답 세션**을 할 예정이니, 그때 질문해 주시기 바랍니다.

- we'll take questions **after the conclusion** of the presentation.
  프레젠테이션 **결말 이후에** 질문을 받겠습니다.

질문 재확인하기

질문을 알아듣지 못한 경우에는 Sorry, I didn't get it. Can you say that again?(죄송합니다. 이해하지 못했어요. 다시 말씀해 주시겠어요?) 같은 표현을 쓸 수 있습니다. 아울러 상대방 질문을 정확히 파악하고자 질문을 바꾸어 말하거나Paraphrasing 다시 말하는Rephrasing 방법이 있습니다.

대화   ● ● ●

Jay: **What technologies** will be used for the implementation phase?
구현 단계에서 **어떤 기술**이 사용될 예정인가요?

Kim: **Do you mean** which programming languages and frameworks we'll be using for the implementation?
구현에 어떤 프로그래밍 언어와 프레임워크를 사용할지 **의미하시는 건가요?**

Jay: Yes, **that's correct**.

네, **맞습니다**.

Kim: Okay, we'll be using Python and Django **for the back-end** and React **for the front-end**. Any questions?

알겠습니다. **백엔드에는** 파이썬과 장고를, **프런트엔드에는** 리액트를 사용할 예정입니다. 다른 질문 있으신가요?

앞의 예문처럼 Do you mean~으로 상대방 질문을 다시 말할 수 있습니다. 상대방 질문을 재확인할 때는 Are you asking if~, Are you asking about~ 같은 표현을 쓸 수도 있습니다.

대화   • • •

Jay: Is there a **contingency plan** if the project timeline is delayed?

만약 프로젝트 타임라인이 지연되면 **대비책이** 있나요?

Kim: **Are you asking if** we have a backup plan **in case** we don't meet the deadlines?

기한을 지키지 못할 **경우** 백업 계획이 **있는지 물어보신 건가요?**

Jay: Yes, **that's right**.

네, **맞습니다**.

> **Kim**: All right, we have **buffer times** within each phase to **accommodate unforeseen delays**. Any questions?
>
> 알겠습니다. 저희는 각 단계 내에 **예상치 못한 지연을 감당할 수 있도록 버퍼 시간을** 두었습니다. 다른 질문 있으신가요?

질문에 답하기

질문에 답할 때는 최대한 아는 대로 답하면 됩니다. 만약 질문에 대한 답을 모를 때는 솔직하게 I don't know.라고 할 수도 있습니다. 다만 비즈니스 영어에서는 그냥 I don't know.라고 하면 다소 무책임한 답변으로 들릴 수 있습니다. 이때는 보통 I'm not sure, but~이라는 표현을 사용해서 가능한 성의껏 답변하면 좋습니다.

- What are the **performance metrics** for the new library we are considering for **data processing**?

  우리가 **데이터 처리**를 위해 고려하고 있는 새로운 라이브러리의 **성능 지표**는 무엇인가요?

- **I'm not sure** about the specific performance metrics of that library, **but** I will **look into it and get back to you.**

  그 라이브러리의 구체적인 성능 지표는 **확실하지 않지만, 확인해 보고 다시 알려 드리겠습니다.**

5

미국 대학원
(컴퓨터 공학)
진학을
위한 영어

개발자로서 해외 대학 학위가 필요한가?

미국 대학원 CS 석사 지원 방법

토플과 GRE 준비

챕터 5에서는 개발자 영어라는 주제와 조금은 관련이 없어 보일 수 있지만, 개발자의 커리어 성장과 관련하여 해외 대학에 진학하는 데 필요한 영어를 다룹니다. 개발자에게 해외 대학 학위가 필요한지 알아보고, 비용과 계획에 대한 부분을 간난히 살펴볼까 합니다. 아울러 미국 대학의 컴퓨터 사이언스cs 석사 학위를 중심으로 지원 방법과 전략을 살펴보고, 준비 서류 작성과 토플, GRE 시험을 준비할 때 필요한 영어 단어와 표현도 알아보겠습니다.

5.1 개발자로서 해외 대학 학위가 필요한가?

개발자에게 중요한 것은 개발 실력과 문제 해결 능력입니다. 따라서 해외 대학 학위가 반드시 필요하지는 않습니다. 다만 해외 취업이나 인공 지능, 머신 러닝 등 새로운 분야로 커리어를 전환하고자 한다면 해외 대학 학위가 도움이 될 수 있습니다. 또한 학위를 공부하는 과정에서 전공 분야와 관련된 영어 실력을 늘리고, 영어로 지식을 학습하는 방법을 익힐 수 있습니다.

5.1.1 | 해외 대학 학위의 장점

해외 취업을 위한 발판

경력이 좋거나 개발 능력이 눈에 띄게 뛰어나지 않은 이상 한국 개발자가 바로 해외 기업에 취업하는 일은 결코 쉽지 않습니다. 우선 영어라는 장벽이 있고, 이외에도 여러 가지 문화 차이나 비자 문제 등이 있기 때문입니다.

이 경우 해외 대학 학위를 취득하는 것은 해외에서 취업할 때 일종의 발판이 될 수 있습니다. 학생 신분으로 일정 기간 동안 비자 문제를 해결함과 동시에 학교에서 제공하는 다양한 커리어 페어Career Fair[1]와 인적 네트워크 등을 도움받을 수 있기 때문입니다.

영어 실력 향상

해외 대학에서 공부하는 것은 단순히 학위를 취득하는 것뿐만 아니라 영어 실력을 향상시키기 좋은 방법이기도 합니다. 특히 컴퓨터 공학에서 필요한 알고리즘과 자료 구조, 시스템 디자인 등 전공 지식을 학습하면서 영어로 공부하는 방법을 익힐 수 있습니다.

아울러 다른 학생들과 각종 과제 또는 팀 프로젝트를 하면서 자연스럽게 영어로 소통하는 것을 연습할 수 있습니다. 특히 영어로 본인의 생각과 의견을 전달하고, 상대방을 설득하는 방법을 익힐 수 있습니다. 이런 영어 말하기 연습은 향후 해외 취업을 준비할 때 많은 도움이 됩니다.

---

1 취업을 희망하는 학생과 다양한 기업이 한 자리에 모여 서로 정보를 교환하고 네트워킹을 하는 행사를 의미합니다.

커리어 전환의 기회: 인공 지능과 머신 러닝 분야

최근 인공 지능과 머신 러닝 분야가 발전하면서 전 세계 산업도 빠르게 변하고 있습니다. 이에 따라 개발자도 점차 인공 지능과 머신 러닝을 공부해야 하는 시대가 오고 있습니다. 단순한 코딩이나 개발만 할 수 있는 개발자는 자칫 도태될 수도 있기 때문입니다.

최근 미국 노동통계국BLS 직업 전망 보고서에 따르면 2030년까지 AI/ML 엔지니어에 대한 수요가 최소 31.4% 이상 증가할 것이라고 전망하고 있습니다. AI/ML 엔지니어 채용 공고에서는 대부분 컴퓨터 관련 학과의 석사 학위 이상을 요구하고 있습니다. 따라서 인공 지능과 머신 러닝 분야로 커리어를 전환하고자 한다면 미국 대학의 컴퓨터 사이언스 석사 학위 취득이 좋은 방법이 될 수 있습니다.

5.1.2 | 비용과 계획

학위 취득을 위한 비용 검토

앞서 살펴본 바와 같이 해외 대학에서 공부하면 영어 실력 향상, 해외 취업 기회, 새로운 분야로의 커리어 전환 기회 등 장점이 있습니다. 다만 그 비용이 비싸다는 것이 문제인데요. 해외 대학 학위에 관심이 있다면 구체적으로 희망하는 학교를 리스트로 정리해 보고 예상 비용을 꼼꼼히 검토해 보아야 합니다.

미국은 학교마다 학비가 다양하고, 지역에 따라 물가 차이가 큽니다. 보통 사립대보다 주립대 학비가 저렴한 편이며, 대도시에 위치한 대학일수록 생활비가 비쌉니다. 지역별로는 동부와 서부가 비싼 편이며, 텍사스와 조지아 같은 중부와 남부 지역은 상대적으로 생활비가 저렴합니다.

비용이나 여러 문제로 해외 유학이 어렵다면 해외 명문대에서 제공하는 온라인 석사 프로그램을 생각해 볼 수도 있습니다. 최근에는 원격으로 진행되는 수업도 많고 학교에 따라서 하이브리드 방식으로 진행되는 곳도 있습니다. 따라서 온라인 학위의 장단점과 본인이 감당할 수 있는 비용을 잘 따져서 해외 학위 취득이 가능한지 검토할 필요가 있습니다.

지원 시기에 따른 타임라인 작성

해외 학위에 도전하기로 결정했다면 대학원 지원 시기를 고려하여 최대한 빠르게 타임라인을 작성하는 것이 좋습니다. 지원 준비부터 학위 취득까지 전체 기간을 세부적으로 나누어 계획을 세워야 합니다. 아울러 대학별 장학금과 재정 지원 프로그램이 있는지도 살펴보고, 신청 기간과 절차를 미리 확인하여 타임라인에 반영해야 합니다.

5.2 미국 대학원 CS 석사 지원 방법

5.2.1 | 미국 대학원 지원 준비

미국 대학원에 지원하려면 먼저 희망하는 학교와 학과를 리스트로 작성하고, 각 대학의 입시 전형을 파악해야 합니다. 아울러 순위가 높은 학교

를 목표로 할지, 아니면 학교 순위와 관계없이 미국 내 취업을 목표로 할
지도 잘 생각해 보아야 합니다.

지원 대학 리스트 만들기

지원하고자 하는 대학 리스트를 만들 때는 각 대학의 입학 요건, 학비,
장학금 제도 등 상세한 내용을 포함하여 정리해야 합니다. 다음 표는 지원
대학 리스트를 만들 때 참고할 만한 웹 사이트 목록입니다.

▼ 표 5-1 미국 컴퓨터 공학 석사에 지원할 때 참고할 만한 웹 사이트

웹 사이트	설명	주소
US News Best University Rankings	미국의 대학과 대학원 순위	https://www.usnews.com/best-colleges/rankings/national-universities
US News Computer Science Rankings	대학별 컴퓨터 공학 전공 순위	https://www.usnews.com/best-graduate-schools/top-science-schools/computer-science-rankings
College Scorecard	전공별 대학 정보 제공	https://collegescorecard.ed.gov/
Net Price Calculator Center	미국 대학별 유학 비용 계산	https://collegecost.ed.gov/net-price
Council of Graduate Schools	대학원 교육과 관련된 정보	https://cgsnet.org/
Study in the USA	미국 유학 정보 제공 사이트	https://www.studyusa.com/

지원할 대학을 조사할 때 학과 이름도 잘 살펴보아야 합니다. 미국 컴퓨
터 관련 학과 중에는 컴퓨터 사이언스 학과와 컴퓨터 엔지니어링 학과가
있습니다. 간혹 컴퓨터 엔지니어링이 한국에서는 통용되고 있는 컴퓨터
공학 전공이라고 잘못 이해하는 경우가 있습니다. 컴퓨터 엔지니어링은

하드웨어적인 측면을 주로 다루기 때문에 소프트웨어 개발에 관심이 있다면 컴퓨터 사이언스를 전공으로 선택해야 합니다.

지원 대학 결정하기

리스트를 작성했으면 이제 가장 희망하는 대학 두세 개 정도를 결정합니다. 이에 따라 토플과 GRE의 최소 목표 점수가 결정되고, 조금 더 계획을 전략적으로 세울 수 있습니다. 가능하면 순위가 높은 대학을 선택하면 좋지만, 자칫 토플과 GRE에 시간을 너무 많이 쓰게 되어 중도 포기할 수도 있다는 점을 명심해야 합니다.

또한 한 가지 알아 둘 점은 미국에서는 무조건 순위가 높은 학교를 나왔다고 해서 취업이 잘되는 것은 아닙니다. 오히려 순위가 낮더라도 해당 지역에 IT 기업이 많거나 취업률이 높은 학교가 더 유리할 수 있습니다. 따라서 미국 내 취업을 목표로 한다면 학교 랭킹보다 학교가 위치한 지역이나 취업률을 먼저 따져 보는 것이 좋습니다.

5.2.2 | 지원 준비 서류와 원서 제출

미국 대학원에 원서를 넣을 때는 CV SOP, 추천서, 이전 대학 성적 증명서 등을 같이 제출해야 합니다. 학교에서는 이런 서류를 살펴보고 지원자의 학력과 경험, 전공과 관련된 다양한 성과를 종합적으로 평가하고 합격 여부를 결정합니다.

CV 작성 방법

CV란 커리큘럼 비타이Curriculum Vitae의 약어로, 우리가 흔히 생각하는 이력서Resume와 비슷합니다. 다만 취업용 이력서는 회사에서 요구하는 기술과 역량에 초점을 두는 반면, CV는 학력과 학업 내용을 조금 더 부각시킨다는 차이가 있습니다. CV는 보통 1~2페이지 분량으로 작성하며, 직장인은 학업보다는 경력에 대한 내용이 더 많기 때문에 일반적인 취업용 이력서와 거의 유사합니다.

▼ 그림 5-1 CV/Resume 예시

JUSTIN CHOI

+82 (010) 987-1234 | abcd@gmail.com

SUMMARY

B.S. in Urban Planning and B.S. in Computer Science with 12+ years of software development experience in enterprise systems and various web applications. Interested and expertise in web app development, object-oriented programming, data management in distributed systems, and cloud computing.

EDUCATION

Feb 2011 – Aug 2018 **B.S. in Computer Science**
ABC University, Seoul, South Korea
Grade: 4.4/4.5 (Academic Achievement Award)

Mar 2001 – Feb 2010 **B.S. in Urban Planning**
ABC, Seoul, South Korea
Grade: 3.8/4.5

WORK EXPERIENCE

Sep 2018 – present *Web Developer, Freelancer, Boston, MA*

Web Application Development
Developed, tested, deployed, and maintained web applications for various client requirements of front-end and back-end developments
- JavaScript (React, TypeScript), PHP, MySQL, AWS, Google Cloud Platform

Search Engine Optimization Analytics
Collected and analyzed user behavior data, reduced page loading time, and improved web application security to optimize websites for search engines
- JavaScript, Python, Data Visualization with Matplotlib, MySQL, AWS

Jul 2010 – Sep 2016 *Software Engineer, ABC Company, Seoul, South Korea*

ABC Global Logistic System project
Planned, developed, and maintained a global-scale enterprise logistic system
- Java, Spring Framework, Oracle DB

ABC Mobile Enterprise Application Platform project
Planned, developed, and maintained in-house mobile applications and back-end web services to link mobile devices to enterprise systems
- C#, .Net Framework, Android, MSSQL

ABC Web Application development projects
Developed ABC Smart TV app, Access control app, Meeting room management app, XYZ hotel check-in app, AAA Education web apps
- Java, JavaScript (AngularJS, enyo.js), HTML5, CSS3(Sass), Android, MySQL

TECHNICAL SKILLS

- Programming Languages: Java, C#, Python, PHP | DBMS: Oracle DB, MSSQL, MySQL
- Web App Development: JavaScript (React, TypeScript), HTML5, CSS3, Android, AWS, Google Cloud

CV나 영문 이력서를 작성할 때는 주로 과거형 동사를 사용하며, 대체로 주어(I 또는 We)를 생략합니다. 이런 방식은 이력서를 간결하게 보이게 하는 효과가 있습니다. 다음 표는 CV나 이력서를 작성할 때 자주 사용하는 영어 표현을 정리한 것입니다.

▼ **표 5-2** CV/Resume에 사용하는 영어 표현

영어 표현	뜻
Achieved a X% increase in	~을 X% 향상시킴
Reduced costs by X% through	~를 통해 비용을 X% 줄임
Implemented process improvements of	~의 프로세스 개선을 실행함
Streamlined processes to	~에 대한 프로세스를 간소화함
Managed projects involving	~에 관한 프로젝트를 관리함
Contributed to	~에 기여함
Successfully completed	~을 성공적으로 완료함
Collaborated with teams on	~에 대해 팀과 협력함
Cultivated partnerships with	~와 파트너십을 형성함
Built strong relationships with	~와 강력한 관계를 구축함
Conducted research into	~에 대한 연구를 실시함
Extensive experience in	~에 대한 풍부한 경험
Implemented strategies to	~을 위한 전략을 실행함
Mentored and trained team members	팀원을 멘토링하고 교육시킴
Developed, tested, deployed, and maintained	~을 개발, 테스트, 배포, 유지 보수함
Oversaw the development of	~의 개발을 감독함
Negotiated contracts with	~와 계약을 협상함
Pioneered the use of	~의 사용을 선도함
Spearheaded initiatives for	~ 선도적인 일에 앞장섬

다음은 CV나 이력서에 영어 표현을 활용한 문장 예시입니다.

- **Achieved a 15% increase in** ABC software performance.
  ABC 소프트웨어 성능을 **15% 향상시킴**

- **Managed projects involving** the integration of AI technologies.
  AI 기술 통합에 관한 프로젝트를 관리함

- **Conducted research into** new database optimization techniques.
  새로운 데이터베이스 최적화 기법**에 대한 연구를 실시함**

- **Pioneered the use of** container technologies in the ABC company.
  회사에서 컨테이너 기술**의 사용을 선도함**

- **Developed, tested, deployed, and maintained** web applications for various clients.
  다양한 클라이언트를 위한 웹 애플리케이션을 **개발, 테스트, 배포, 유지 보수함**

SOP 작성 방법

SOP는 Statement Of Purpose의 약어로, 지원 동기와 학업 목표, 졸업 후 계획 등을 기술하는 문서입니다. 학교에 따라 형식이 조금씩 다르지만, Letter of motivation이나 Cover Letter라고도 합니다. 분량은 500~2,000단어 정도이며, 학교에서 제시하는 가이드라인에 맞추어 작성합니다. 다음 표는 SOP에서 자주 사용하는 영어 표현을 정리한 것입니다.

영어 표현	뜻
I am writing this Statement of Purpose to	~하기 위해 SOP를 작성합니다.
My passion for	~에 대한 제 열정은
I have honed my skills in	~에서 제 능력을 연마했습니다.
In pursuit of my dream to	~라는 꿈을 추구하기 위해
Under the guidance of	~의 지도 아래에서
During my tenure at	~에서의 근무 기간 동안
My research experience includes	제 연구 경험에는 ~이 포함됩니다.
Building on my foundation in	~에 대한 제 기본 지식을 바탕으로
I am eager to contribute to	저는 ~에 기여하고 싶습니다.
I am particularly drawn to	저는 특히 ~에 매료되어 있습니다.
To further my understanding of	~에 대한 이해를 더 깊게 하기 위해
I am confident that	저는 ~에 확신하고 있습니다.

다음은 SOP에 기재될 만한 영어 문장 예시입니다.

- **I am writing this Statement of Purpose to** join a master's degree program in computer science at ABC University to take my software development career to the next level.

  저는 제 소프트웨어 개발 커리어를 한 단계 더 높이고자 ABC 대학 컴퓨터 사이언스 석사 학위 과정에 합류하기 위해 **SOP를 작성하고 있습니다.**

- **My passion for** software development began when I first encountered coding during my high school years.
  소프트웨어 개발**에 대한 저의 열정**은 고등학교 시절 처음으로 코딩을 마주하면서 시작되었습니다.

- **Under the guidance of** Professor Kim, I delved deep into the intricacies of machine learning algorithms.
  김 교수님**의 지도 아래에서**, 머신 러닝 알고리즘의 복잡성을 깊게 연구했습니다.

- **Building on my foundation in** Java and Python, I aspire to explore distributed systems further.
  자바와 파이썬**에 대한 저의 기본 지식을 바탕으로**, 분산 시스템을 더욱 탐구하고자 합니다.

- **I am eager to contribute to** the open-source community and collaborate with peers who share the same passion for technology.
  저는 오픈 소스 커뮤니티에 **기여하고** 기술에 대한 동일한 열정을 공유하는 동료들과 협력하고 **싶습니다**.

- **I am confident that** joining ABC University will equip me with the advanced skills and knowledge to make significant contributions to the IT industry.
  ABC 대학에 합류하면 IT 산업에 중요한 기여를 할 수 있는 고급 기술과 지식을 갖추게 될 **것이라고 확신합니다**.

추천서 요청

추천서Letter of Recommendation는 학교마다 다르지만, 보통 두세 명의 추천서를 요구합니다. 가능하다면 이전 대학 관련 학과 교수님의 추천서를 받는 것이 좋습니다. 이외에도 직장 상사나 선배, 동료 등이 작성한 추천서도 유효합니다. 추천서를 요청할 때는 직접 방문해서 말씀드리거나 이메일, 전화 연락 등을 이용하기도 합니다. 다음 그림은 추천서 요청 이메일 예시입니다.

▼ 그림 5-2 추천서 요청 이메일 예시

제목: 미국 대학원 석사 입학 추천서 요청 (2020 년 컴퓨터 공학과 졸업생 xxx)

안녕하세요. xxx 교수님.

저는 2020 년도 컴퓨터공학과 졸업생 xxx 입니다. 다름이 아니라 이번에 미국 대학원 컴퓨터 공학 석사 과정에 지원하게 되어 추천서를 부탁드리고자 메일을 보내 드리게 되었습니다.

저는 2017 년 1 학기 교수님께서 강의하신 알고리즘 수업을 수강하였으며, 현재는 xyz 회사에서 소프트웨어 엔지니어로 근무하고 있습니다. 교수님 강의를 통해 알고리즘에 대해 깊게 공부하였고, 무사히 컴퓨터 공학 학사 학위를 취득함으로써 미국 대학원 석사 지원 자격을 갖추게 되었습니다. 앞으로 제가 지원하고자 하는 대학교 이름과 전공은 다음과 같습니다.

1. University of Texas Austin, Computer Science, MS
2. Washington State University, Computer Science, MS
3. University of Massachusetts Lowell, Information Technology, MS
4. University of Houston, Computer Science, MS

추천서 제출 프로세스는 제가 각 대학교 입학지원 시스템에 추천인으로 교수님 성함과 이메일 주소를 입력하면, 향후 교수님께 추천서 업로드 링크가 포함된 이메일이 보내지는 방식으로 진행될 예정입니다. 대학원 지원 시기는 2024 년 하반기를 목표로 하고 있습니다.

아무쪼록 바로 찾아 뵙지 못한 점 양해 부탁드리며, 혹시 미국 대학원 석사 과정 지원 시 교수님 추천서를 부탁드려도 되는지 알려주시면 감사하겠습니다.

ps. 첨부파일로 저의 학위, 성적증명서, 이력서, 추천서 샘플을 같이 첨부 드립니다.

감사합니다.
xxx 드림

교수님에게 추천서를 요청할 때 추천서 샘플을 같이 보내 드리면 다소 부담을 덜 수 있습니다. 직장 상사나 동료에게 추천서를 요청할 때도 마찬가지로, 직장인에게 추천서를 받는다면 되도록 추천서를 읽을 사람도 알 만한 국내 대기업이나 미국 현지 기업에 다니는 사람에게 받는 것이 유리합니다. 다음은 추천서 샘플에 들어갈 만한 영어 표현 예시 문장입니다.

- **I am pleased to recommend** Mr. Justin Choi as a candidate for your master's degree program in Computer Science.

  저는 귀교의 컴퓨터 사이언스 석사 학위 과정의 지원자로 저스틴 최를 추천하게 되어 기쁩니다.

- When Mr. Justin Choi took my courses, he showed his **diligent attitude** to study and **excellent academic achievement** compared to other students.

  저스틴 최는 제 강의를 수강할 때, 다른 학생들에 비해 **성실한 학습 태도와 뛰어난 학업 성적**을 보였습니다.

- Mr. Justin Choi has made an **outstanding performance** during the whole term as a student at ABC University.

  저스틴 최는 ABC 대학 학생으로서 전체 학기 동안 **탁월한 성과**를 보였습니다.

- **Without a doubt**, I confidently recommend Mr. Justin Choi for your master's program.

  의심의 여지없이, 저는 귀교의 석사 프로그램에 저스틴 최를 자신 있게 추천합니다.

- If you have any further questions regarding Mr. Justin Choi's qualifications, please **do not hesitate to contact me**.

  저스틴 최의 자격에 대한 추가적인 질문이 있으시다면 **망설이지 말고** 저에게 연락 주시길 바랍니다.

원서 제출과 성적 증명서 발송

대부분 미국 대학원 웹 사이트에서 온라인으로 원서를 제출할 수 있습니다. 원서 제출 후 마감 전까지 학교 입학 전형 시스템에 CV, SOP, 추천서를 업로드해야 하며, 이전 대학 성적 증명서는 우편으로 해당 대학 입학처에 발송해야 합니다.

성적 증명서는 보통 이전 대학교에서 발급한 영문 성적 증명서를 제출합니다. 이때 학생 본인이 성적 증명서를 직접 출력해서 보내는 것이 아니라 이전 대학교의 학과 사무실에서 직인으로 봉인하여 우편으로 발송해야합니다.

5.3 토플과 GRE 준비

5.3.1 | 토플 점수 만들기

토플TOEFL은 Test Of English as a Foreign Language의 약어로, 영어권 대학에서 학업을 할 수 있는지 평가하는 시험입니다. 대부분 미국 대학원의 입학 전형에서 토플 점수를 요구하고 있으며, 토플 대신 아이엘츠IELTS 점수를 받는 곳도 있습니다. 학교마다 요구하는 점수가 다르므로 미리 희망하는 학교의 토플 점수를 확인하고 이에 맞추어 전략적으로 준비해야 합니다.

토플 시험 개요

토플 시험은 읽기Reading, 듣기Listening, 말하기Speaking, 쓰기Writing 총 네 가지 영역으로 구성되어 있습니다. 점수는 영역별 30점으로 총 120점 만점입니다. 보통 미국 주립대는 80점 이상을 요구하며, 아이비리그 등 명문 사립대는 90~100점 이상을 요구하기도 합니다.

▼ 표 5-4 토플 영역별 설명(출처: ETS)

구분	예상 시간	문제/과제	설명
Reading	35minutes	20questions	Read passages and respond to questions. 지문을 읽고 질문에 응답하기
Listening	36minutes	28questions	Answer questions about brief lectures or classroom discussions. 짧은 강의나 수업 토론에 대한 질문에 답하기
Speaking	16minutes	4tasks	Talk about a familiar topic and discuss material you read and heard. 익숙한 주제에 대해 이야기하고 읽고 들은 내용에 대해 토론하기
Writing	29minutes	2tasks	Read a passage, listen to a recording, type your response. 지문을 읽고, 녹음을 듣고, 답변을 입력하기 State and support an opinion in an online classroom discussion. 온라인 수업 토론에서 의견을 제시하고 지지하기

온라인 모의고사와 각종 툴 활용

토플은 제한된 시간 안에 문제를 풀어야 하기 때문에 시간 관리가 중요합니다. 따라서 최대한 실제 토플 시험과 유사한 환경에서 모의고사를 많이 보는 것이 좋습니다. 토플 모의고사는 ETS에서 제공하는 온라인 모의

고사나 테스트글라이더(https://testglider.com) 같은 토플 모의고사 사이트를 활용하면 됩니다.

▼ **그림 5-3** ETS 토플 모의고사 화면 예시

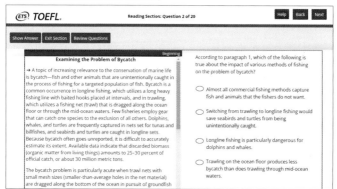

Writing 영역을 준비할 때는 영어 문장을 교정해 주는 그래말리 Grammarly 툴이 유용합니다. Writing 영역의 주제별로 템플릿을 만들고, 그래말리에 직접 타이핑하면서 작문 연습하는 것을 추천합니다. 아울러 최근에는 챗지피티ChatGPT를 이용한 작문 교정 등 다양한 AI 툴을 활용한 방법이 있습니다.

5.3.2 | GRE 점수 만들기

미국 대학원 중에는 GRE 점수를 요구하는 곳이 있습니다. GRE는 Graduate Record Examination의 약어로, 미국 대학원 수준의 기본 소양을 갖추고 있는지 평가하는 시험입니다. 영어권 국가에서 교육받지 않은 사람에게는 시험이 다소 어려울 수 있습니다. 하지만 한국 학생의 경우

수리 영역에서 대체로 강점을 보이기 때문에 공부 전략을 잘 세우면 고득점을 받을 수도 있습니다.

GRE 시험 개요

GRE는 일반 시험General Test과 과목별 시험Subject Test으로 나뉘며, 학교에서 특별히 과목별 시험을 요구하지 않으면 일반 시험만 치르게 됩니다. GRE 일반 시험은 언어Verbal, 수리Quantitative, 작문Writing 이렇게 세 영역으로 나뉘어 있으며, 총 시험 시간은 3시간 45분입니다.

▼ **표 5-5** GRE 영역별 구성(출처: ETS)

영역	문항 수	시험 시간
Analytical Writing(One section)	One 'Analyze an Issue' task	30minutes
Verbal Reasoning(Two sections)	Section 1: 12questions	Section 1: 18minutes
	Section 2: 15questions	Section 2: 23minutes
Quantitative Reasoning(Two sections)	Section 1: 12questions	Section 1: 21minutes
	Section 2: 15questions	Section 2: 26minutes

영역별 준비 전략

컴퓨터 전공은 아무래도 입시 전형에서 수리 영역이 중요합니다. 따라서 가능한 수리 영역은 거의 만점을 목표로 하여 가장 많은 시간을 할애하는 것이 좋습니다. 다음으로 작문 영역은 토플의 Writing과 겹치는 부분이 있으므로 문제 유형별로 템플릿을 만들어 두면 어렵지 않게 공략할 수 있습니다.

언어 영역은 원어민도 어려워하는 영어 단어가 많이 나오기 때문에 점수를 올리기 어렵습니다. 따라서 다른 영역에 대한 준비가 어느 정도 마무리되었을 때 GRE 문제집에 나오는 문제를 풀어 보면서 감을 익히는 정도로 준비하면 효율적입니다.

수학 영어 학습

앞서 살펴보았듯이 GRE를 준비할 때는 먼저 수리 영역에 집중해야 합니다. GRE 수리 영역에서는 영어로 수학 문제를 풀어야 하기 때문에 기본적인 수학 영어를 알아야 합니다. 참고로 수학 영어는 GRE뿐만 아니라 컴퓨터 전공 수업과 기술 면접 등에서도 쓰기 때문에 해외 진출을 염두에 둔 개발자라면 반드시 공부하는 것이 좋습니다.

수(Number)

▼ 그림 5-4 수 체계도

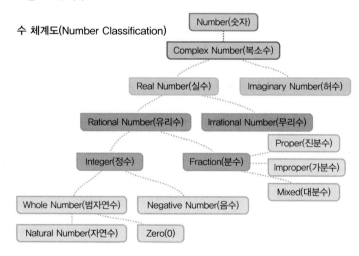

▼ 표 5-6 수 관련 영어 단어

단어	뜻	단어	뜻
Complex number	복소수	Digit	자릿수
Real number	실수	Decimal	(십진법의) 소수
Imaginary number	허수	Decimal point	소수점
Rational number	유리수	Decimal place	소수점 이하 자릿수
Irrational number	무리수	Absolute value	절댓값
Integer	정수	Consecutive integer	연속하는 정수
Fraction	분수	Multiple	배수
Proper fraction	진분수	Divisor	나누는 수, 제수, 약수
Improper fraction	가분수	Dividend	나누어지는 수, 피제수
Mixed fraction	대분수	Divisible into	~으로 나누어지는
Whole number	범자연수	Divisible by	~로 나누어떨어지는
Negative number	음수	Indivisible by	~로 나누어떨어지지 않는
Natural number	자연수	Quotient	몫
Zero	영	Remainder	나머지
Even	짝수	Numerator	분자
Odd	홀수	Denominator	분모
Prime number	소수	Common divisor	공약수
Composite number	합성수	Common multiple	공배수
Factor	인수	The greatest common divisor	최대공약수(GCD)
Prime factor	소인수	The least common multiple	최소공배수(LCM)

- A number greater than 1 that is **divisible** only **by** 1 and itself is a **prime number**.

  1보다 큰 숫자 중 1과 그 자체로만 **나누어떨어지는** 숫자는 **소수**입니다.

- Since 15 is a **multiple** of 3 and 5, 15 is a **composite number**.

  15는 3과 5의 **배수**이기 때문에, 15는 **합성수**입니다.

- When 10 is divided by 6, the **quotient** is 1 and the **remainder** is 4. Therefore, 10 is **indivisible by** 6.

  10을 6으로 나누면, **몫**은 1이고 **나머지**는 4입니다. 따라서 10은 6으로 나누어떨어지지 않습니다.

- When the **numerator** is greater than the **denominator**, then the fraction is called an **improper fraction**.

  분자가 분모보다 클 때, 그 분수를 **가분수**라고 합니다.

- **The greatest common divisor**(GCD) is the largest **factor** that is common to both numbers.

  최대공약수(GCD)는 두 수 모두에 공통적인 가장 큰 **인수**입니다.

산수(Arithmetic)

▼ 표 5-7 연산에 대한 영어 단어와 표현

단어	영어 표현
Addition(A+B) 더하기	Add A to B, The sum of A and B, The total of A and B
Subtraction(A-B) 빼기	Subtract B from A, The difference of A and B, A exceed B by

○ 계속

단어	영어 표현
Multiplication(A×B) 곱하기	Multiply A and B, The product of A and B, A by B, A times B
Division(A/B) 나누기	Divide A by B, The quotient of A divided by B, A per B, A over B
Mod(A%B) 나머지	The remainder after dividing A by B
Exponentiation(A^B) 지수	Exponent A with B, A to the power of B
Negation(-A) 부정	Negate A, The negative of A
Ceiling(ceil(A)) 올림	The smallest integer greater than or equal to A, Ceil A to, Round A up to
Floor(floor(A)) 내림	The largest integer less than or equal to A, Floor A to, Round A down to
Rounding(round(A)) 반올림	Approximating A to the nearest integer or decimal place, Round A to

- **Add** 12 **to** 18.

  12에 18을 더하라.

- The **sum of** 3 and 4 is 7.

  3과 4의 합은 7이다.

- The **total of** 2, 8, and 10 is 20.

  2, 8, 10의 총합은 20이다.

- **Subtract** 5 **from** 10.

  10에서 5를 빼라.

- The **difference between** 7 and 3 is 4.

  7과 3의 **차는** 4다.

- 12 **exceeds** 8 **by** how much?

  12는 8보다 얼마나 더 **큰가**?

- **Multiply 4 and 5.**

  4와 5를 **곱하라.**

- The **product of** 3 and 2 is 6.

  3과 2의 **곱은** 6이다.

- How much is 9 **times** 8?

  9를 8배하면 얼마인가?

- How much is the area of 3 **by** 4?

  3×4의 넓이는 얼마인가?

- **Divide** 8 **by** 4.

  8을 4로 **나누어라.**

- What is the **quotient of** 6 divided by 4?

  6을 4로 나누면 **몫은** 무엇인가?

- The car runs 30 miles **per** 2 gallons.

  그 차는 2갤런당 30마일을 간다.

- The ratio of boys to girls is 1 **over** 2.

  남자와 여자 비율은 1 대 2입니다.

- What is the **remainder** after dividing 4 by 3?

  4를 3으로 나눈 **나머지**는 무엇인가?

- Calculate 5 **to the power of** 2.

  5의 2승을 계산하라.

- What is the **negative** of 5?

  5의 **부정** 값은 무엇인가?

- What is the **ceiling** value of 8.9?

  8.9의 **올림** 값은 무엇인가?

- **Round** 13,200 **down to** the nearest hundred.

  13,200을 100자리에서 **내림**하라.

- **Round to** the three decimal places.

  소수점 이하 3자리에서 **반올림**하라.

대수학(Algebra)

▼ 표 5-8 대수학 관련 영어 단어

단어	뜻	단어	뜻
Identity	항등식	Quadratic Formula	근의 공식
Commutative Property	교환 법칙	Square	제곱
Associative Property	결합 법칙	Cube	세제곱
Distributive Property	분배 법칙	x to the power of n	x의 n제곱
Identity Element	항등원	Square root of x	x의 제곱근

◐ 계속

단어	뜻	단어	뜻
Inverse Element	역원	Cube root of x	x의 세제곱근
Reduction, Simplification	약분	n-th root of x	x의 n제곱근
Reduction to common denominator	통분	Proportional Equation	비례식
Common Denominator	공통 분모	Monomial	단항식
Factorization	인수 분해	Polynomial	다항식
Equation	방정식	Coefficient	계수
Quadratic Equation	이차 방정식	Degree	차수
Inequality, Inequation	부등식	Term	항
Variable	변수	Constant Term	상수항
Constant	상수	Similar Term, Like Term	동류항

- Solve the **quadratic equation** x^2 - 5x + 6 = 0 using the **quadratic equation**.

  근의 공식을 사용하여 **이차 방정식** x^2 - 5x + 6 = 0을 풀어라.

- Solve the **inequality** 5(x-2) > 10 by applying the **distributive property**.

  분배 법칙을 적용하여 **부등식** 5(x-2) > 10을 풀어라.

- If x = 4 is a solution of the **equation** 2x - 8 = 0, prove its **identity**.

  x = 4가 **방정식** 2x - 8 = 0의 해라면 그 **항등식**을 증명하라.

- **Factorize** the **polynomial** x^2 - 4.

  다항식 x^2 - 4를 **인수 분해**하라.

기하학(Geometry)

▼ 표 5-9 기하학 관련 영어 단어

단어	뜻	단어	뜻
Point	점	Surface Area	표면적
Line	선	Chord	현
Plane	평면	Arc	호
Angle	각도	Sector	부채꼴
Triangle	삼각형	Parallel	평행, 평행의
Quadrilateral	사각형	Perpendicular	직각, 직각의
Pentagon	오각형	Vertical	수직, 수직의
Hexagon	육각형	Horizontal	수평, 수평의
Equilateral Triangle	정삼각형	Diagonal	대각, 대각의
Isosceles Triangle	이등변 삼각형	Quadrant	사분면
Right Triangle	직각 삼각형	x-axis / y-axis	x축 / y축
Leg	밑변, 높이	x, y intercept	x, y 절편
Square	정사각형	Origin	원점
Rectangle	직사각형	Slope	기울기
Parallelogram	평행 사변형	Vertex	꼭지점
Rhombus	마름모	Vertices	꼭지점(복수)
Circle	원	Congruent	합동
Radius	반지름	Similar	닮음
Diameter	지름	Transformation	변환
Perimeter	둘레	Rotation	회전

⊙ 계속

단어	뜻	단어	뜻
Area	면적	Reflection	반사
Volume	부피	Translation	평행 이동

- Find the area of a **right triangle** if one **leg** measures 8 inch and the other **leg** measures 6 inch.

  밑변이 8인치고 높이가 6인치인 **직각 삼각형**의 넓이를 구하라.

- A **rectangle** has a length of 8 units and a width of 6 units. What is the length of the **diagonal**?

  직사각형의 길이는 8단위고 폭은 6단위다. 대각선 길이는 얼마인가?

- Given two **vertices** A(2, 3) and B(5, 7) in the first **quadrant**, find the **slope** of the line passing through these points.

  1사분면에 주어진 두 꼭지점 A(2, 3)와 B(5, 7) 사이의 직선의 **기울기**를 구하라.

- Two lines are **parallel** to each other and are cut by a **transversal**. If one of the angles formed is 110 degrees, what is the measure of its **corresponding angle**?

  두 개의 선은 서로 **평행**하며 **횡단선**에 의해 잘려져 있다. 만들어진 각도 중 하나가 110도라면, 그에 상응하는 각도(**동위각**)의 크기는 얼마인가?

  Transversal 횡단선 | **Corresponding Angle** 동위각 | **Alternate Angle** 엇각

데이터 분석과 통계(Data Analysis and Statistics)

▼ 표 5-10 데이터 분석과 통계 영어 단어

단어	뜻	단어	뜻
Average(Mean)	평균	Sample	표본
Median	중앙값	Bias	편향
Mode	최빈값	Outlier	이상치
Range	범위	Confidence Interval	신뢰 구간
Variance	분산	t-test	t-검정
Standard Deviation	표준 편차	ANOVA	분산 분석
Normal Distribution	정규 분포	Linear Regression	선형 회귀
Population	모집단	Logistic Regression	로지스틱 회귀
Probability	확률	Hypothesis Testing	가설 검정
Percentile	백분위	Z-score	Z-점수
Histogram	히스토그램	Data Visualization	데이터 시각화
Regression	회귀	Descriptive Statistics	기술 통계
Correlation	상관관계	Inferential Statistics	추론 통계

- A dataset has values {2, 3, 5, 7, 11}. What are the **average** and **median** of this dataset?

  데이터셋에는 {2, 3, 5, 7, 11}의 값이 있다. 이 데이터셋의 **평균**과 **중앙값**은 무엇인가?

- The test scores of a class are **normally distributed** with a **mean** of 70 and a **standard deviation** of 10. If a student scored 90, what is his **percentile** rank?

  한 반의 시험 점수는 **평균** 70, **표준 편차** 10으로 **정규 분포를 따른다**. 학생이 90점을 받았다면 그의 **백분위** 순위는 얼마인가?

- Refer to the **histogram** which shows the **distribution** of scores for a class of 50 students. What is the **mode** for the student's score range?

  히스토그램은 학생 50명의 점수 **분포**를 보여 준다. 학생들 점수의 **최빈값**은 무엇인가?

해외 개발자 취업을 위한 영어

해외 IT 기업에 지원하려면 지인 추천이나 해당 기업의 채용 사이트 또는 링크드인Linkedln, 글래스도어Glassdoor, 인디드Indeed 같은 해외 취업 사이트를 이용하면 됩니다. 지원 서류가 통과되면 이후 코딩 테스트, 행동 면접, 기술 면접 등이 진행됩니다. 이와 관련하여 챕터 6에서는 해외 개발자 취업을 위한 영어를 학습하도록 하겠습니다.

6.1 영어 면접 기본 표현

영어 면접을 준비할 때는 예상 질문에 대한 답변 노트를 작성하고, 자연스럽게 말할 수 있도록 연습해야 합니다. 면접 예상 질문에 대한 답변은 최대 2~3분 정도의 길이로 말하는 것이 좋습니다. 실제 면접을 볼 때는 미리 내용을 80% 정도 외우고, 그것을 바탕으로 나머지 20%는 마치 답을 외운 것처럼 보이지 않게 말하는 연습을 하면 좋습니다.

6.1.1 | 면접을 시작할 때 영어 표현

간단한 인사

영어 면접은 간단한 인사와 함께 시작합니다. 이때 첫인상이 중요하기 때문에 최대한 밝고 자신감 넘치는 모습을 보여 주는 것이 좋습니다. 면접관이 "How are you?" 또는 "How are you doing today?"로 인사하면 "It's great!" 또는 "I'm doing great!"처럼 최대한 밝은 톤으로 답하고, 다음과 같이 면접 기회를 준 것에 감사를 표합니다.

- Thank you for **taking the time** to meet with me today.
  오늘 저를 만나기 위해 **시간을 내어 주셔서** 감사합니다.

- I appreciate **the opportunity to interview** for the [position].
  이 [직무]에 대한 **면접 기회**를 주셔서 감사합니다.

스몰 토크

면접을 시작하기 전에 간단히 스몰 토크Small Talk를 하기도 합니다. 스몰 토크를 할 때는 가급적 부정적인 표현은 피하고 긍정적이고 공통의 관심사인 화제를 꺼내는 것이 좋습니다. 자주 사용되는 스몰 토크 주제로는 날씨, 교통, 회사나 업계에 대한 뉴스, 면접 장소나 주변 분위기 등이 있습니다.

- It's **a beautiful day** outside, isn't it?
  오늘 밖이 정말 **화창**하네요, 그렇죠?

- **The traffic** was surprisingly **clear** for me today. How was your drive-in?
  오늘은 의외로 **교통이 원활**했습니다. 오시는 길은 어땠나요?

- I saw the news about [event/award related to the company]. It was **impressive** for me.
  [회사와 관련된 사건/수상] 소식을 보았습니다. **인상적**이었어요.

- Wow, nice office. I **noticed** the [piece of art, office furniture etc] in the lobby.

  와, 사무실 멋지네요. 로비에 있는 [예술품, 오피스 가구 등]이 **눈에 띄더라고요**.

6.1.2 | 자기소개

본격적인 면접에 들어가면 면접관은 "Please tell me about yourself." 또는 "Could you please introduce yourself?" 등으로 자기소개Introduction를 해 달라고 요청합니다. 자기소개에서는 본인의 학력, 경력, 보유 기술 등을 말하며, 되도록 지원하는 회사의 직무와 연관된 부분을 위주로 말하는 것이 좋습니다.

학력에 대한 영어 표현

- I **graduated from** [University Name] with a [Bachelor's, Master's, PhD] degree in [Field of Study].

  저는 [대학 이름]에서 [전공 이름] [학사, 석사, 박사] 학위로 **졸업했습니다**.

- While pursuing my degree, I **focused on** [specific area or subject].

  제 학위 과정 중에 [특정 분야 또는 과목]에 **집중했습니다**.

- During my time at [University Name], I was **involved in** [specific project or extracurricular activity].

  [대학 이름]에 다니는 동안 [특정 프로젝트 또는 방과 후 활동]에 **참여했습니다**.

경력을 영어로 표현

- I **worked at** [Company Name] as [software engineer, machine learning engineer etc].
  저는 [회사 이름]**에서** [소프트웨어 엔지니어, 머신 러닝 엔지니어 등]으로 **일했습니다.**

- I **was responsible for** [specific tasks or projects].
  저는 [특정 업무 또는 프로젝트]를 **담당했습니다.**

- I **moved to** the [Company Name] in 2023.
  저는 [회사 이름]**으로** 2023년에 **이직했습니다.**

  • **이직하다** change jobs, switch jobs, move from job to job

보유 기술을 영어로 표현

- I **have** extensive **experience with** full-stack development, **particularly with** JavaScript frameworks like React and Node. js.
  저는 풀스택 개발, **특히** React, Node.js 같은 자바스크립트 프레임워크에서 폭넓은 **경험이 있습니다.**

- I'**m proficient in** cloud services such as AWS and **have worked on** several projects that involved setting up and maintaining cloud infrastructure.
  AWS 같은 클라우드 서비스에 **능숙하며** 클라우드 인프라를 설정하고 유지 관리하는 여러 프로젝트**에서 일한** 경험이 있습니다.

6.1.3 | 지원 동기와 셀링 포인트

면접관이 자주 묻는 질문 중 하나가 바로 지원 동기와 셀링 포인트Selling Point입니다. 여기에서 셀링 포인트란 회사에서 왜 본인을 채용해야 하는지 설명하는 것을 의미합니다. 다음은 면접관이 지원 동기와 셀링 포인트를 묻는 질문 예시입니다.

- Why have you decided to **apply for** this position?
  왜 이 직무**에 지원하기로** 결정했나요?

- Why do you think you're **a good fit** for this role?
  자신이 이 역할에 **적합하다고** 생각하는 이유는 무엇인가요?

  > • **a good fit** 적임자

- Can you tell us what makes you **stand out** from other candidates?
  다른 후보자들에 비해 **뛰어난** 점을 말씀해 주시겠어요?

  > • **stand out** 뛰어나다, 눈에 띄다, 부각되다

- What do you **bring to the table** that will benefit our team?
  우리 팀에 도움이 될 만한 것으로 무엇을 **제시할** 것인가요?

  > • **bring to the table** ~을 제시하다, 제안하다, 기여하다

다음은 지원 동기와 셀링 포인트에 대해 답하는 영어 표현 예시입니다. 셀링 포인트는 가급적 회사에서 요구하는 인재상과 요구하는 기술을 미리 파악하여 답변을 세심하게 준비해 두어야 합니다.

- I'm **motivated to** apply to [Company Name] because I could have **the opportunity to work with** an innovation team in the tech field.

  기술 분야에서 혁신적인 팀과 **함께 일할 수 있는 기회**를 가질 수 있다는 점 때문에 [회사 이름]에 **지원하게 되었습니다**.

- I would say my **background in** [specific skill or experience] and **interest in** [related interest or activity] **align with** your company's goals.

  [특정 기술이나 경험]에 **대한 제 배경**과 [관련 관심사나 활동]에 **대한 제 관심**이 귀사의 목표와 **일치한다고** 생각합니다.

- I could bring **a unique combination of** [specific skill] and [another skill or attribute], which I believe will be particularly **beneficial** in the [specific project or role] at your company.

  저는 [특정 기술]과 [다른 기술이나 속성]을 **결합한 특별한 능력**을 제공할 수 있으며, 이는 귀사의 [특정 프로젝트나 역할]에서 특히 **유용할 것**이라고 믿습니다.

- Moreover, I would say my recent achievements in [relevant accomplishment or experience] **demonstrate** my ability to **contribute** and **add value** to your team.

  또한 [관련 성과나 경험]에서 제 최근 성과는 귀사의 팀에 **기여**하고 **가치를 더할 수 있는** 능력을 **보여 준다고** 생각합니다.

6.1.4 | 면접 마무리와 감사 메시지

면접 마무리 질문

면접 말미에 면접관은 "Do you have any questions?"로 마지막 질문이 있는지 물어봅니다. 이때는 그냥 넘어가기보다 미리 몇 가지 질문을 준비하여 직무에 관심과 적극성을 보이는 것이 좋습니다.

- How did you **build your career** to join this team?
  면접관님은 이 팀에 합류하기 위해 어떻게 **경력을 쌓으셨나요?**

- Could you tell me more about the **day-to-day responsibilities** of this position?
  이 직무의 **일상적인 업무**에 대해 조금 더 말씀해 주실 수 있나요?

- Are there opportunities for **professional development** within the company?
  회사 내에서 **전문성을 개발**할 수 있는 기회가 있나요?

- What are the **next steps** in the interview process?
  면접 과정의 **다음 단계**는 무엇인가요?

감사 메시지

면접이 끝난 후에는 이메일로 감사 메시지(Thank you note)를 보내 좋은 인상을 남기고 적극성을 표하는 것이 좋습니다. 이런 감사 메시지는 면접관과 네트워킹 기회를 만들 수 있고, 면접 중 논의된 내용에 대한 추가적인 생각이나 통찰을 공유함으로써 깊은 인상을 남길 수 있습니다.

다음은 감사 메시지를 이메일로 보낸 예시입니다.

· · ·

Thank You for the Interview Opportunity – Justin Choi
면접 기회에 대한 감사 인사 - 저스틴 최

Dear [Interviewer's Name],
[면접관 이름] 님에게

Thank you for the opportunity to discuss the software developer position at [Company Name].
[회사 이름]의 소프트웨어 개발자 포지션에 대해 논의할 수 있는 **기회를 주셔서 감사합니다.**

I am **enthusiastic** about the chance to apply my skills in [specific skills or technologies], and I was particularly **impressed by** [something specific about the company or role discussed in the interview].
저는 [특정 기술]을 적용할 수 있는 기회에 대해 매우 **열정적**이며, 면접에서 [회사나 역할에 대해 특히 인상 깊었던 부분]에 깊은 **인상을 받았습니다.**

I **look forward to** the possibility of contributing to your team and the exciting work at [Company Name].

앞으로 [회사 이름]의 팀에 기여하고 흥미진진한 작업을 할 수 있는 가능성을 **기대합니다.**

Best regards,

Justin Choi

저스틴 최 올림

6.2 행동 면접

행동 면접Behavioral Interview은 지원자의 과거 경험과 행동을 평가하는 면접을 의미하며, 보통 Can you tell me about when~으로 시작하는 질문이 주어집니다. 행동 면접을 효과적으로 준비하려면 다양한 상황과 경험을 미리 스토리 형식으로 작성하고, 각 스토리에 제목을 붙여 구분해 두면 좋습니다. 원격이나 전화 인터뷰에는 스토리를 정리한 치트 시트Cheat Sheet[1]를 활용하여 보다 수월하게 행동 면접 질문에 답할 수 있습니다.

---

1 우리말로 하면 컨닝 페이퍼입니다.

6.2.1 | STAR 기법

　행동 면접 답변을 준비할 때 활용할 수 있는 것이 바로 STAR 기법STAR Method입니다. STAR 기법은 상황, 과제, 행동, 결과의 순서로 행동 면접 질문에 답변하는 방법을 의미합니다.

▼ **그림 6-1** STAR Method

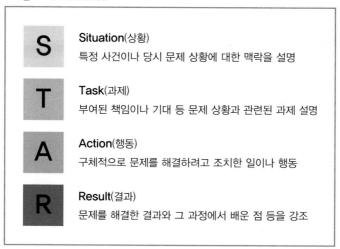

S **Situation**(상황)
특정 사건이나 당시 문제 상황에 대한 맥락을 설명

T **Task**(과제)
부여된 책임이나 기대 등 문제 상황과 관련된 과제 설명

A **Action**(행동)
구체적으로 문제를 해결하려고 조치한 일이나 행동

R **Result**(결과)
문제를 해결한 결과와 그 과정에서 배운 점 등을 강조

　예를 들어 "Can you tell me about when you faced a challenging situation in collaborating with another team?(다른 팀과 협업하면서 어려운 상황에 직면했던 경험을 말해 주세요?)"이라는 질문에 STAR 기법을 적용하면 다음과 같습니다.

(situation) When I was in the Mobile application team at ABC company, our team's objective was **to transition** the web systems **to** mobile platforms. I **was in charge of** the in-house mobile application used by the ABC employees, and I had to make new features that allow employees to check their HR information and submit their leave applications through the mobile application.

(상황) ABC 회사의 모바일 애플리케이션 팀에 있을 때, 우리 팀 목표는 웹 시스템을 모바일 플랫폼으로 **전환하는 것**이었습니다. 저는 ABC 직원들이 사용하는 사내 모바일 애플리케이션을 **담당하고** 있었고, 직원들이 자신의 인사 정보를 확인하고 휴가 신청을 모바일 애플리케이션으로 할 수 있도록 새로운 기능을 만들어야 했습니다.

(Task) Therefore, I needed APIs from the HR system **to link** our mobile and HR systems. However, **the person in charge** of the HR system was already overwhelmed with other tasks. While the project was a priority for our team, it was not for the HR system administrator. In our initial meeting, it was clear that he was overwhelmed with work and, like many developers including me, **resistant to changes** the system that would increase his workload. **Nonetheless**, it was crucial to persuade him to create the APIs as soon as possible to meet our project deadline.

(과제) 따라서 저는 모바일과 인사 시스템을 **연동할 수 있는** 인사 시스템 API가 필요했습니다. 하지만 HR 시스템 **담당자**는 이미 다른 업무로 과중한 업무에 시달리고 있었습니다. 이 프로젝트는 우리 팀에는 우선순위가 높은 프로젝트였지만, HR 시스템 관리자에게는 그렇지 않았습니다. 첫 미팅에서 그는 업무에 시달리고 있었고, 저를 포함한 많은 개발자와 마찬가지로 업무량을 증가시키는 시스템 **변경에 반대**했습니다. **그럼에도** 프로젝트 기한을 맞추려면 가능한 빨리 API를 만들도록 그를 설득하는 것이 중요했습니다.

• The person in charge(PIC) 담당자

(Action) **To address this challenge**, I first sought to understand his workload. I approached the situation with **empathy**, acknowledging his concerns and the pressure he was under. Then I prepared **detail interface** documentation and **outlined** the APIs functionality requirements **with precision**. My approach was to ensure that the HR system administrator could understand and implement the changes **without additional stress**, thus encouraging better cooperation.

⊙ 계속

(행동) **이 문제를 해결하고자**, 먼저 그의 업무량을 이해하려고 노력했습니다. 저는 그의 우려와 압박감을 인정하면서 **공감하는 마음으로** 상황에 접근했습니다. 그런 다음 **자세한 인터페이스** 문서를 준비하고 API의 기능 요구 사항을 **정확하게 설명했습니다.** 제 접근 방식은 HR 시스템 관리자가 **추가적인 스트레스 없이** 변경 사항을 이해하고 구현할 수 있도록 하여 더 나은 협력을 유도하는 것이었습니다.

(Result) As a result, it was a successful integration of the API **ahead of the deadline. From this experience,** I learned the importance of offering support and understanding the perspective of others, especially when they are **not as enthusiastic** about a project. I also gained valuable insights into how to effectively collaborate and persuade **a reluctant developer.**

(결과) 그 결과, **마감 기한 전에** API를 성공적으로 통합할 수 있었습니다. **이 경험을 통해**, 특히 다른 사람이 프로젝트에 **열의가 없을 때**, 그 사람의 관점을 이해하고, 도움을 제공하는 것이 중요하다는 것을 배웠습니다. 또한 **협조적이지 않은 개발자**와 효과적으로 협업하고 설득하는 방법에 대한 귀중한 통찰도 얻었습니다.

• reluctant 꺼리는, 마지못한, 주저하는, 시큰둥한, 내키지 않는

6.2.2 | 예상 질문 정리

다음은 행동 면접에서 나올 만한 예상 질문을 주제별로 정리한 예시입니다. 각 질문에 대해 STAR 기법을 적용한 예상 답안을 작성해 보길 바랍니다. 참고로 STAR 기법 외에도 CAR(맥락, 행동, 결과)이나 PAR(문제, 행동, 결과) 기법처럼 조금 더 간결하게 답변을 만드는 방식도 있습니다.

Teamwork and Collaboration(팀워크와 협업)

- Can you tell us about a time when you had to **collaborate with a team member who did not have the same approach** as you?
  당신과 **같은 관점**을 갖지 않는 팀원**과 협력**해야 했던 경험을 말해 주세요.

- Can you tell me about a situation where you had to work with a team member who was **challenging to work with**?
  같이 일하기 어려웠던 팀원과 함께 일해야만 했던 상황을 말해 주세요.

Adaptability(적응)

- Provide an example of a situation where you had to **adapt to a significant change** at work.
  업무에서 **큰 변화에 적응**해야 했던 상황을 예로 들어 주세요.

- Tell me about a time when you had to adjust to **a team's working style** to complete a project or achieve your objectives.
  프로젝트를 완성하거나 목표를 달성하기 위해 **팀의 작업 스타일**에 맞추어 조정해야 했던 경험을 말해 주세요.

Problem-Solving(문제 해결)

- Can you describe a **challenging problem** you faced on a project and how you solved it?
  프로젝트에서 마주쳤던 **어려운 문제**를 설명하고, 그 문제를 어떻게 해결했는지 말해 주세요.

- Can you describe a situation where you **identified a potential problem** and **took steps** to prevent it?
  잠재적인 문제를 식별하고 이를 방지하기 위해 **조치를 취한** 상황을 설명해 주세요.

Conflict Resolution(분쟁 해결)

- Recall a time when you had a **disagreement** with a team member. How was the conflict **resolved**?
  팀원과 **의견 불일치**를 겪었던 경험을 회상해 보세요. 그 갈등은 어떻게 **해결되었나요?**

- Describe a situation where you had to **mediate** a conflict between other team members.
  다른 팀원들 사이의 갈등을 **중재**해야 했던 상황을 설명해 주세요.

Leadership(리더십)

- Can you tell me about a time when you **took the lead** on a project.
  프로젝트에서 **리더 역할을 했던** 경험에 대해 말해 주세요.

- Provide an example of how you **motivated others** in a challenging situation.
  도전적인 상황에서 **다른 사람들에게 어떻게 동기 부여했는지** 예를 들어 주세요.

Communication(커뮤니케이션)

- Describe a situation where **effective communication** was key to ensuring a project's success.

  효과적인 의사소통이 프로젝트 성공을 보장하는 데 핵심적이었던 상황을 설명해 주세요.

- Can you give an example of a time when you had to explain **a complex concept** to someone **without expertise**?

  전문 지식이 없는 사람에게 **복잡한 개념**을 설명해야 했던 경험을 말씀해 주세요.

Time Management(시간 관리)

- Give me an example of a time when you had to **manage multiple responsibilities simultaneously**.

  여러 가지 책임을 동시에 관리해야 했던 경험이 있다면 말씀해 주세요.

- Describe a situation when you were under a **tight deadline** and had to **prioritize certain tasks**.

  빡빡한 마감 시간에 처했을 때 어떻게 **특정 작업에 우선순위**를 두었는지 설명해 주세요.

Initiative and Proactivity(주도성과 적극성)

- Can you share a situation where you identified a problem and **took initiative** to correct it **before** it **escalated**?

  문제를 식별하고 그 문제가 **확대되기 전에** 취한 **선제 조치**에 대해 말해 주세요.

- Tell me about a time when you went above and beyond **what was asked of you**.

  요구된 것 이상으로 노력했던 경험이 있다면 말해 주세요.

Stress Management(스트레스 관리)

- Describe a time when you were faced with **a stressful situation** and how you maintained your **composure**.

  스트레스받는 상황에 직면했을 때 당신은 어떻게 **침착함**을 유지했나요?

- Give an example of how you showed **resilience** in a difficult work situation.

  어려운 업무 상황에서 어떻게 **회복 탄력성**을 발휘했는지 예를 들어 주세요.

6.3 기술 면접

기술 면접Technical Interview에서는 개발 지식, 문제 해결 능력, 코드 작성과 시스템 디자인 등 기술적인 역량을 테스트합니다. 보통 주어진 시간 안에 알고리즘과 자료 구조 문제에 대한 코드를 작성하는 방식으로 진행하며, 질의 답변을 통해 지원자의 개발 지식과 시스템 디자인 능력을 테스트하기도 합니다.

특히 알고리즘과 자료 구조 문제를 푸는 경우 면접관과 영어로 소통하면서 문제를 풀어야 하기 때문에 미리 본인만의 코딩 영어 템플릿을 만들고 충분히 연습해야 합니다. 기술 면접에서 알고리즘 문제 풀이 과정은 보통 1) 문제 확인과 풀이 방향 설명 2) 코드 작성과 테스트 3) 시간·공간 복잡도 분석 및 최적화 단계로 진행됩니다.

6.3.1 | 문제 확인과 풀이 방향 설명

알고리즘 문제가 주어지면 먼저 해당 문제를 요약하거나 반복해서 말하고, 문제에 적용할 만한 예시를 들면 좋습니다. 이것으로 문제 요구 사항을 정확히 파악하고 문제 풀이 방향에 대해 생각할 시간을 벌 수 있습니다.

문제 요구 사항 확인

다음은 문제 요구 사항을 파악할 때 사용하는 영어 표현 예시입니다.

- **To make sure** I understand correctly, you're asking me to [summary the problem], **right**?
  정확히 이해했는지 **확인하기 위해**, [문제 요약]하는 것을 요청하신 것이 **맞죠**?

- So, **if I understand correctly**, the problem is to [summary the problem], **is that correct**?
  그러니까 **제가 올바르게 이해했다면**, 문제는 [문제 요약]하는 것이 **맞나요**?

다음은 알고리즘 문제와 이에 대한 요구 사항을 확인하는 영어 표현의 예시입니다.

대화   · · ·

Interviewer: Can you write a code to **find the missing number** in an array that contains **n distinct numbers** taken from 0 to n?

0부터 n까지 **서로 다른 숫자 n개**를 포함하는 배열이 있을 때 배열에서 **빠진 숫자를 찾는** 코드를 작성해 보시겠어요?

Interviewee: **To make sure** I understand correctly, you're asking me to **write a code that** finds the missing number in an array. The array contains n distinct numbers, and the range of the array is from 0 to n, **right**?

제가 정확히 이해했는지 **확인하기 위해**, 배열에서 빠진 숫자를 찾는 **코드를 작성하라고** 요청하신 거죠? 이 배열은 n개의 고유한 숫자를 포함하고 있고, 배열 범위는 0부터 n까지 **맞나요**?

예시 들기

문제에서 미처 파악하지 못한 부분이 있는지 확인하기 위해 면접관에게 다양한 예시를 들어 보면 좋습니다. 다음은 앞선 문제에 대해 예를 들어 보는 영어 표현입니다.

- To ensure I fully understand the problem, **if I have** an array like [0, 1, 2, 4, 5], the missing number **would be 3, correct**?
  문제를 정확히 이해했는지 확인하고자 합니다. **만약** [0, 1, 2, 4, 5]와 같은 배열이 있다면 빠진 숫자가 **3이 되는 것이 맞나요**?

- **For another example**, in the case of an array [5, 2, 1, 4, 0], **am I right to assume that** the missing number is 3 as well?
  다른 예로 [5, 2, 1, 4, 0] 배열의 경우, 빠진 숫자가 역시 **3이라고 보는 것이 맞나요**?

- **Could you confirm that** the sequence always starts from 0 and includes n distinct numbers, so in an array of length 6 like [0, 1, 2, 3, 4, 6], the missing number **would be 5**?
  수열이 항상 0부터 시작하며 서로 다른 숫자 n개를 포함한다고 **확인해 주실 수 있나요**? 그래서 [0, 1, 2, 3, 4, 6]과 같은 길이 6의 배열에서 빠진 숫자는 **5가 되는 건가요**?

문제 풀이 방향 설명

문제 파악이 끝나면 본격적인 코딩에 들어가기 앞서 면접관에게 전반적인 문제 풀이 방향을 설명해야 합니다. 다음은 문제 풀이 방향을 설명할 때 사용하는 영어 표현입니다.

- To solve this problem, **I plan to use** a binary search algorithm, **because** it efficiently handles sorted data sets.
  이 문제를 해결하기 위해, 저는 이진 탐색 알고리즘을 **사용할 계획입니다**. 이는 정렬된 데이터 세트를 효율적으로 처리할 수 있기 **때문입니다**.

- **My approach would be** implementing a dynamic programming solution to optimize for time complexity.

  제 접근 방식은 시간 복잡도를 최적화하고자 동적 프로그래밍 솔루션을 구현하는 **것입니다.**

- **I think** a breadth-first search **would be suitable here** to explore all possible paths and find the optimal solution.

  모든 가능한 경로를 탐색하고 최적의 해결책을 찾을 수 있도록 여기에서는 너비 우선 탐색이 **적합하다고 생각합니다.**

- **I'll start by** breaking down the problem into smaller sub-problems **and then use** a divide-and-conquer strategy to address each part.

  저는 문제를 더 작은 하위 문제로 나누는 것으로 **시작할 것입니다. 다음으로** 각 부분을 해결하고자 분할 정복 전략을 **사용할 것입니다.**

- **Given the nature of the problem**, I believe using a hash table to store and access data will be **efficient method.**

  문제 성격을 고려할 때, 데이터를 저장하고 접근하는 데 해시 테이블을 사용하는 것이 **효율적인 방법**일 것이라고 생각합니다.

6.3.2 | 코드 작성과 테스트

코드 작성

배열 중 빠진 숫자를 찾는 문제에 대한 파이썬 코드를 보면서 코드를 작성할 때는 어떤 영어 표현을 사용하는지 알아보겠습니다.

```
def find_missing_number(arr):
    n = len(arr)
    expected_sum = n * (n + 1) // 2
    actual_sum = sum(arr)
    missing_number = expected_sum - actual_sum
    return missing_number
```

참고로 코드를 작성할 때 사용하는 영어 표현은 2.3절 구현 단계에서
목록으로 정리했으니 다시 확인해 보길 바랍니다. 그러면 이제 코드를 한
줄씩 보면서 어떤 영어 표현을 사용하는지 살펴보겠습니다.

```
def find_missing_number(arr):
```

First, I'll **define a function** named **find_missing_number**. This
function will **take one parameter**, **arr**, which **represents** the
array that contains n distinct numbers.
먼저 **find_missing_number**라는 **함수를 정의하겠습니다**. 이 함수는 **arr**이
라는 **매개변수 하나를 받으며**, **arr**은 고유한 숫자 n개를 포함하는 배열을 **나타**
냅니다.

```
    n = len(arr)
```

In this function, the first thing I need is the length of the array
arr. The length of this array should be n, not n + 1. **Since** it's
missing one number from the 0 to n range.
이 함수 안에서, 우선 **arr** 배열의 길이가 필요합니다. 이 배열 길이는 n + 1이
아니라 n이어야 합니다. **왜냐하면** 0에서 n 범위 중 하나의 숫자가 빠져 있기
때문입니다.

```
expected_sum = n * (n + 1) // 2
```

Next, I'll calculate the expected sum of all numbers from 0 to n. **The formula for** the sum of the n natural numbers is **n * (n + 1) / 2**. Here, I used integer division(**//**) to avoid any **floating-point arithmetic**. Because we're dealing with integers.

다음으로, 0에서 n까지 모든 숫자의 예상 합계를 계산합니다. 자연수 n개의 합에 대한 공식은 **n * (n + 1) / 2**입니다. 여기에서, 정수 나눗셈(**//**)을 사용하여 **부동 소수점 연산**을 피했습니다. 우리는 정수만 다루고 있기 때문입니다.

```
actual_sum = sum(arr)
```

Now, **it will calculate** the actual sum of the numbers in the array. **This can be done simply** using Python's built-in **sum( )** function.

이제, 배열 안 숫자들의 실제 합계를 **계산합니다**. 이는 파이썬의 내장 함수인 **sum( )**을 사용하여 **쉽게 할 수 있습니다**.

```
missing_number = expected_sum - actual_sum
return missing_number
```

The missing number can be found by **subtracting** the **actual_sum from** the **expected_sum**. The difference is the number that is not present in the array. **And finally**, the function **returns** this missing number.

빠진 숫자는 **expected_sum에서 actual_sum**을 **뺌으로써** 찾을 수 있습니다. 이 차이가 배열에 없는 숫자입니다. **마지막으로**, 함수는 빠진 숫자를 **반환합니다**.

테스트 작성

코드 작성을 마치면 테스트 케이스를 만들어 코드를 테스트해 봅니다. 이때 가능하면 엣지 케이스를 포함한 다양한 테스트를 작성하여 면접관에게 테스트 케이스 작성 능력을 보여 주는 것이 좋습니다.

```python
arr = [0, 1, 2, 4, 5]
print("The missing number is:", find_missing_number(arr))
```

To verify that this function is working properly, **I'll add** a simple test case. Here, the array size n is 5, and the missing number is 3. **If we run the test** with the function, as you can see, the result is 3. So, **it appears that** the function is working correctly.

이 함수가 제대로 동작하는지 **확인하기 위해**, 간단한 테스트 케이스를 **추가하겠습니다.** 여기에서, 배열 크기 n은 5고, 빠진 숫자는 3입니다. 이 함수로 **테스트를 실행하면,** 보다시피, 결과가 3으로 나옵니다. 따라서 함수가 올바르게 작동하는 것으로 **보입니다.**

6.3.3 | 시간·공간 복잡도 분석 및 최적화

시간·공간 복잡도 분석

코드 작성과 테스트가 완료되면 시간·공간 복잡도에 대한 논의가 이어집니다. 면접관은 보통 다음과 같이 시간·공간 복잡도에 대해 질문합니다.

- Can you explain the **time and space complexity** of your solution?

  솔루션의 **시간과 공간 복잡도**를 설명해 주실 수 있나요?

- What is the **Big O notation** for the algorithm you've implemented?

  당신이 구현한 알고리즘의 **빅 오 표기**는 무엇인가요?

다음은 앞서 살펴본 알고리즘 문제의 시간·공간 복잡도를 설명하는 영어 표현 예시입니다.

- The function has a time complexity of **Big O of n** (→O(n)) and a space complexity of **Big O of one**(→O(1)) because it only **traverses** the array **once** and uses a **constant amount of space**.

  이 함수는 배열을 단 **한 번만 순회**하고 **상수 크기의 공간**만 사용하기 때문에 시간 복잡도는 **O(n)**이며, 공간 복잡도는 **O(1)**입니다.

최적화 방안 논의

코드 작성과 시간·공간 복잡도에 대한 논의에 이어 마지막으로 구현한 코드의 최적화 방안을 논의합니다. 다음은 면접관이 최적화 방안에 대해 묻는 영어 표현 예시입니다.

- Given your current approach to solving this problem, can you see **any way to optimize**?
  문제를 해결하려는 당신의 접근 방식을 고려할 때, **최적화할 수 있는 방법**이 있나요?

- Is there **a way to improve the efficiency** of your solution, either **in terms of** time or space complexity?
  시간이나 공간 복잡도 **측면에서**, 당신의 솔루션 **효율성을 개선할 수 있는 방법**이 있나요?

다음은 앞서 다룬 알고리즘 문제에 대한 최적화 방안을 설명한 영어 표현 예시입니다.

- This approach has a time complexity of O(n) due to the array traversal, and I would say, **it's already quite efficient** for the given problem. However, there are a few aspects we could consider for **potential optimization** if we had **additional information** about the data. For example, if the array has been partially sorted, we might be able to terminate the search early **in some cases**.
  이 접근 방법은 배열을 순회해야 하므로 시간 복잡도가 O(n)입니다. 저는 이것이 주어진 문제에 대해 **이미 상당히 효율적**이라고 생각합니다. 그러나 우리에게 **추가적인** 데이터 **정보**가 있다면 몇 가지 측면에서 **잠재적인 최적화**를 고려할 수 있습니다. 예를 들어 배열이 부분적으로 정렬되어 있다면, **몇몇 경우에서** 조기에 검색을 종료할 수도 있습니다.

이상 배열 중 빠진 숫자를 찾는 알고리즘 문제로 기술 면접 과정에서 사용하는 영어 표현을 살펴보았습니다. 기술 면접을 효과적으로 준비하려면 리트코드LeetCode나 해커랭크HackerRank 같은 웹 사이트의 알고리즘 문제를 풀면서 앞서 살펴본 과정에 따라 영어로 말하는 연습을 꾸준히 해야 합니다.

책을 마치며

지금까지 개발자 영어 관련 내용을 전반적으로 다루어 보았습니다. 이 책을 학습하면 개발자 영어에서 사용되는 대부분의 영어 단어나 표현을 이해하고, 소프트웨어 개발 실무에서 필요한 기본적인 영어 커뮤니케이션의 기반을 마련할 수 있을 것입니다.

다만 이론적인 학습과 암기는 개발자 영어를 익히는 데 있어 시작에 불과합니다. 영어 실력을 높이려면 실제로 영어를 사용하면서 실수를 경험하고 고치는 과정을 반복해야 합니다. 즉, 이 책을 통한 학습을 넘어, 영어로 의사소통하는 일상에 자신을 노출시키는 것이 무엇보다 중요합니다.

아울러 실수를 두려워하지 않고, 계속 부딪혀 보는 자세가 필요합니다. 영어로 대화하다 보면 상대방이 내 말을 알아듣지 못해 주눅이 드는 경험을 하게 됩니다. 이를 극복하려면 배에 힘을 주고 또박또박 자신 있게 말하는 연습이 필요합니다. 문법이 틀리고 발음이 유창하지 않더라도 모든 시도가 영어 실력을 쌓아 가는 과정이 될 것입니다.

아무쪼록 여러분이 개발자 영어 공부를 시작하는 데 이 책이 조금이나마 도움이 되길 바랍니다. 더불어 해외 개발자들과 원활하게 영어로 커뮤니케이션을 해서 더 넓은 기회의 문을 열게 되길 기원합니다.

마지막으로 이 책에서 미처 다루지 못한 내용과 개발자 영어와 관련된 추가적인 정보는 제 블로그(https://gomcine.tistory.com)에서 지속적으로 공유할 예정입니다. 저 또한 더 나은 개발자로 성장하려고 끊임없이 노력하고 있으며, 이 과정에서 얻은 지식과 경험을 여러분과 공유하며 함께 성장해 나가고자 합니다. 감사합니다.

개발자를 위한
영어 사전

표 A-1 개발자 영어에서 자주 사용하는 동사

단어	뜻	단어	뜻	단어	뜻
Access	접속하다	Format	형식화하다	Relink	재연결하다
Adapt	적응하다	Freeze	동결하다	Remove	제거하다
Add	추가하다	Function	기능하다	Render	렌더링하다
Allocate	할당하다	Generate	생성하다	Replace	교체하다
Analyze	분석하다	Handle	처리하다	Requery	다시 쿼리하다
Apply	적용하다	Host	주최하다	Request	요청하다
Authenticate	인증하다	Identify	식별하다	Reset	재설정하다
Backup	백업하다	Implement	구현하다	Respond	응답하다
Build	구축하다	Import	불러오다	Retrieve	조회하다
Bundle	묶다	Include	포함하다	Retry	재시도하다
Chain	연결하다	Increase	증가시키다	Review	검토하다
Check	확인하다	Initialize	초기화하다	Rollback	되돌리다
Chunk	덩어리로 나누다	Input	입력하다	Route	경로를 지정하다
Clean	정리하다	Install	설치하다	Run	실행하다
Click	클릭하다	Instantiate	객체화하다	Save	저장하다
Clone	복제하다	Integrate	통합하다	Scaffold	발판을 짜다
Code	코드 작성하다	Interface	연결하다	Scroll	스크롤하다
Commit	커밋하다	Interpolate	덧붙이다	Search	검색하다
Compile	컴파일하다	Invalidate	무효화하다	Secure	확보하다
Configure	구성하다	Invoke	호출하다	Select	선택하다
Connect	연결하다	Iterate	반복하다	Send	보내다

○ 계속

단어	뜻	단어	뜻	단어	뜻
Construct	구축하다	Join	참여하다	Serialize	직렬화하다
Control	제어하다	Keep	유지하다	Set	설정하다
Convert	변환하다	Link	연결하다	Share	공유하다
Copy	복사하다	Load	로드하다	Show	보여 주다
Crawl	크롤링하다	Log	기록하다	Simulate	시뮬레이션하다
Create	생성하다	Manage	관리하다	Solve	해결하다
Debug	디버그하다	Measure	측정하다	Specify	지정하다
Declare	선언하다	Merge	병합하다	Spin	회전하다
Decompress	압축 해제하다	Migrate	옮기다	Split	분할하다
Default	기본값으로 하다	Minify	최소화하다	Store	저장하다
Define	정의하다	Mock	흉내 내다	Stream	스트림하다
Delete	삭제하다	Modify	수정하다	Sync	동기화하다
Deploy	배포하다	Monitor	감시하다	Test	테스트하다
Deprecate	권장하지 않다	Move	이동하다	Throttle	조절하다
Describe	설명하다	Navigate	탐색하다	Toggle	토글하다
Design	설계하다	Notify	알리다	Trace	추적하다
Detect	감지하다	Obtain	획득하다	Track	추적하다
Determine	결정하다	Optimize	최적화하다	Transact	거래하다
Develop	개발하다	Organize	조직하다	Transform	변환하다
Direct	지시하다	Parse	분석하다	Translate	번역하다
Display	전시하다	Patch	일부 수정하다	Unpack	압축 해제하다
Distribute	배포하다	Perform	수행하다	Unset	해제하다

계속

단어	뜻	단어	뜻	단어	뜻
Document	문서화하다	Plan	계획하다	Unwrap	풀다
Draw	그리다, 끌다	Poll	설문 조사하다	Update	업데이트하다
Edit	편집하다	Probe	탐사하다	Upload	업로드하다
Embed	내장하다	Process	처리하다	Upscale	규모를 늘리다
Encode	인코딩하다	Pull	당기다	Use	사용하다
Encrypt	암호화하다	Push	밀다	Validate	유효성 검사하다
Ensure	보장하다	Query	질문하다	Value	가치를 평가하다
Escape	예외 처리하다	Read	읽다	Verify	검증하다
Evaluate	평가하다	Rebase	재설정하다	Visualize	시각화하다
Execute	실행하다	Reboot	재부팅하다	Watch	관찰하다
Export	내보내다	Recompile	재컴파일하다	Wire	연결하다
Extract	추출하다	Redeploy	재배포하다	Wrap	포장하다
Fetch	가져오다	Refactor	리팩터링하다	Write	쓰다
Filter	필터링하다	Reference	참조하다	Yield	양보하다
Fix	고치다	Refetch	다시 가져오다	Zero	제로화하다
Flag	표시하다	Refine	정제하다	Zip	압축하다
Fork	갈라지다	Regenerate	재생성하다	Zoom	확대/축소하다

표 A-2 소프트웨어 생명 주기

단어	뜻	단어	뜻
Acceptance Criteria	수용 기준	Merge	병합
Architecture	아키텍처, 구조	Milestone	이정표
Artifact	가공물, 산출물	MIT License	MIT 라이선스

◑ 계속

단어	뜻	단어	뜻
Assertion	주장	Mock Object	모의 객체
Assumption	가정	Monitoring	모니터링
Author	작성자	Non-Functional	비기능적인
Auto-Scaling	자동 스케일링	Open Source License	오픈 소스 라이선스
Backlog	밀린 일, 잔무, 재고	Patch	패치
Baseline	기준선	Performance	성능
Black Box Testing	블랙박스 테스팅	Performance Tuning	성능 튜닝
Block Comments	블록 주석	Prioritization	우선순위 설정
Blue-Green Deployment	블루-그린 배포	Proprietary License	독점 라이선스
Boundary Testing	경계 테스트	Prototype	시제품
Branch	분기	Pull	끌다, 당겨 오다
Bug Report	버그 리포트	Pull Request	풀 리퀘스트
Bug Tracking	버그 추적	Push	밀다
Build	구축하다	Rebase	새 기준을 설정하다
Canary Release	카나리아 배포	Refactoring	리팩터링
Change Request	변경 요청	Regression Testing	회귀 테스팅
Checkout	체크아웃, 확인하다	Release Candidate (RC)	배포 후보
Clone Repository	저장소 복제	Reliability	신뢰성
Commercial License	상업 라이선스	Repository	저장소
Commit	커밋, 수행하디	Requirement	요구 사항
Conditional Comments	조건 주석	Resource Allocation	자원 할당

⊙ 계속

단어	뜻	단어	뜻
Conflict	충돌	Risk	위험
Constraint	제약 조건	Roadmap	로드맵
Continuous Deployment(CD)	지속적 배포	Rollback	되돌리기
Continuous Integration (CI)	지속적 통합	Rollout	출시하다
Decomposition	분해	Root Cause Analysis (RCA)	근본 원인 분석
Deliverable	산출물	Scalability	확장성
Deployment Pipeline	배포 파이프라인	Scope	범위
Deprecated	폐기됨	Security	보안
Documentation	문서화	See Also	참조
Documentation Comments	문서 주석	Smoke Test	스모크 테스트
End-Of-Life(EOL)	수명 종료	Software Audit	소프트웨어 감사
End-to-End Testing	엔드투엔드 테스팅	Specification	명세서
EULA	최종 사용자 사용권 계약	Sprint	스프린트
Exploratory Testing	탐색적 테스팅	Staging	스테이징
Failover	장애 대기	Staging Environment	스테이징 환경
Fast-forward	앞으로 감다	Stakeholder	이해 당사자
Feasibility	실행 가능성	Technical Debt	기술 부채
Feature Flag	기능 플래그	Test Automation	테스트 자동화
Fetch	가져오다	Test Case	테스트 케이스
Fork	포크, 갈라지다	Test Coverage	테스트 범위

◐ 계속

단어	뜻	단어	뜻
Functional	기능적인	Test Driven Development(TDD)	테스트 주도 개발
Functional Testing	기능 테스팅	Test Environment	테스트 환경
Gap Analysis	갭 분석	Test Plan	테스트 계획
GPL License	GPL 라이선스	Test Suite	테스트 스위트
Hot Swapping	핫 스왑핑	TODO Comments	할 일 주석
Hotfix	긴급 수정	Traceability	추적성
Impact	영향	Usability	사용성
Incident Management	사고 관리	Use Case	유스 케이스, 사용 사례
Inline Comments	인라인 주석	Validation	검증
Integration	통합	Verification	확인
Legacy System	기존 시스템	Version	버전
License	라이선스	White Box Testing	화이트 박스 테스팅
Load Balancing	로드 밸런싱	Workflow	작업 흐름
Load Testing	부하 테스팅	Zero Downtime Deployment	제로 다운타임 배포

표 A-3 프런트엔드/웹/모바일

단어	뜻	단어	뜻
Accessibility	접근성	Media Query	미디어 쿼리
Accordion	아코디언	Meta Tag	메타 태그
Activity	액티비티, 활동	Meteor	메테오, 유성
Angular	앵귤러, 각이 진	Modal	모달, 보조의
Array	배열	Native App	네이티브 앱

⊙ 계속

단어	뜻	단어	뜻
Asynchronous	비동기	Next.js	넥스트 제이에스
Attribute	속성	Object	객체
Backbone	백본, 척추, 근간	Objective-C	오브젝티브-C
Block-level Element	블록 레벨 요소	Pagination	페이지 매기기
Bootstrap	부트스트랩, 혼자 힘으로	Promise	프로미스, 약속
Box Model	박스 모델	Property	속성
Callback	콜백, 되부르다	Pseudo-class	의사 클래스
Carousel	캐러셀, 회전목마	Pseudo-element	의사 요소
Coach Mark	코치 마크	Pull-to-Refresh	당겨서 새로고침
Cypress	사이프러스, 삼나무	Push Notification	푸시 알림
Dart	다트, 화살	React	리액트, 반응하다
Declaration	선언	ReactNative	리액트네이티브
Django	장고	Responsive Design	반응형 디자인
DOCTYPE	문서 유형	Ruby on Rails	루비 온 레일즈
DOM	문서 객체 모델	Rule-set	규칙 세트
DOM Manipulation	돔 조작	SDK	소프트웨어 개발 키트
Dropdown	드롭다운 메뉴	Selector	선택자
Element	요소	Semantic Elements	의미론적 요소
Ember	엠버, 잉걸불	Simulator	시뮬레이터, 모의장치
Emulator	에뮬레이터	Single Page App(SPA)	단일 페이지 앱
Event	이벤트, 사건	Skeleton Screen	골격 화면
Express	익스프레스, 급행의	Slide Menu	슬라이드 메뉴

⊙ 계속

단어	뜻	단어	뜻
FAB(Floating Action Button)	플로팅 액션 버튼	Snack Bar	스낵 바
Flask	플라스크	Splash Screen	스플래시 스크린
Flexbox	플렉스박스	Spring	스프링
Flutter	플러터, 펄럭이다	Sticky Header	스티키 헤더, 접착된 헤더
Fragment	프래그먼트, 조각	Svelte	스벨트, 날씬한
Gatsby	개츠비	Swift	스위프트, 신속한
Gesture	제스처, 몸짓	Synchronous	동기
Grid Layout	격자 배치	Tab Bar	탭 바
Hamburger Menu	햄버거 메뉴	Tag	태그, 꼬리표
Hero Image	히어로 이미지	Tailwind CSS	테일윈드 CSS
Hybrid App	하이브리드 앱	Tiled Layout	타일식 배치
Hyperlink	하이퍼링크	Toast Pop-up	토스트 팝업
Infinite Scroll	인피니트 스크롤	Toggle	토글, 껐다 켰다 하다
Inheritance	상속	Tooltip	툴팁, 말풍선
Inline	인라인	TypeScript	타입스크립트
Intent	인텐트, 의도	Viewport	뷰포트, 보임창
jQuery	제이쿼리	Walkthrough	워크스루, 자세한 설명
JSON	자바스크립트 객체 표기법	Web App	웹 앱
Kotlin	코틀린	WebAssembly	웹어셈블리
Laravel	라라벨	Webpack	웹팩
Lazy Loading	레이지 로딩, 지연 로딩	Widget	위젯, 작은 장치
Markup	마크업, 교정 표시하다	Wireframe	와이어프레임

표 A-4 백엔드/데브옵스/보안

단어	뜻	단어	뜻
2FA	이중 인증	Map	맵
Ansible	앤서블	Merge Sort	병합 정렬
Antivirus	안티바이러스	Normalization	정규화
Array	배열	NoSQL	노SQL
Artifact	아티팩트, 인공물	Orchestration	오케스트레이션, 통합 편성
Authentication	인증	Phishing	피싱 사기
AVL Tree	AVL 트리	Primary Key	기본 키
B-Tree	B-트리	Priority Queue	우선순위 큐
Backdoor	백도어, 뒷문	Query	쿼리
Big O Notation	빅 오 표기법	Queue	큐
Binary Search	이진 검색	Quick Sort	퀵 정렬
Binary Tree	이진 트리	Ransomware	랜섬웨어
Bloom Filter	블룸 필터	Recursion	재귀
Breadth-First Search	넓이 우선 검색	Red-Black Tree	레드-블랙 트리
Brute Force	무차별 대입	Replication	복제
CAPTCHA	캡차, 자동 로그인 방지용	Rootkit	루트킷
CI/CD Pipeline	CI/CD 파이프라인	Row	행
Cipher	암호	Salt	보안 강화용 추가 데이터
Circular Queue	원형 큐	Sandbox	샌드박스
Cloud Native	클라우드 네이티브	Scalability	확장성
Column	열	Schema	스키마

📎 계속

단어	뜻	단어	뜻
Constraint	제약 조건	Searching Algorithm	검색 알고리즘
CRUD	생성, 읽기, 갱신, 삭제	Serverless	서버리스
CSRF	사이트 간 요청 위조	Set	집합
Cursor	커서	Shard	샤드, 조각
DDoS Attack	디도스 공격	Skip List	스킵 리스트
Depth-First Search	깊이 우선 검색	Sorting Algorithm	정렬 알고리즘
Deque	데크	Space Complexity	공간 복잡도
Divide and Conquer	분할 정복	Sparse Array	희소 배열
Docker	도커	Splay Tree	스플레이 트리
Doubly Linked List	이중 연결 리스트	SQL	구조화된 쿼리 언어
Dynamic Programming	동적 프로그래밍	SQL Injection	SQL 주입 공격
Encryption	암호화	SSL	보안 소켓 레이어
Fibonacci Heap	피보나치 힙	Stack	스택 자료 구조
Firewall	방화벽	Stored Procedure	저장 프로시저
Foreign Key	외래 키	Table	테이블
Graph	그래프	Terraform	테라폼
Greedy Algorithm	탐욕 알고리즘	Time Complexity	시간 복잡도
Hash Table	해시 테이블	Token	토큰, 교환권
Hashing	해싱	Transaction	트랜잭션, 처리
Heap	힙	Tree	트리 자료 구조
Honeypot	허니팟	Trie	트라이 데이터 구조
Index	인덱스, 색인	Trigger	트리거, 방아쇠

◐ 계속

단어	뜻	단어	뜻
Intrusion Detection	침입 탐지	Union-Find	유니온-파인드 데이터 구조
Jenkins	젠킨스	Vector	벡터, 매개체
Join	조인, 연결하다	View	뷰
Keylogger	키로거, 키 자동 기록기	Virtual Machine	가상 머신
Kubernetes	쿠버네티스	VPN	가상 사설 네트워크
Linked List	연결 리스트	XSS	크로스 사이트 스크립팅
Load Balancer	로드 밸런서	YAML	데이터 직렬화 표준
Loop	반복	Zero-Day	제로데이
Malware	악성 소프트웨어		

표 A-5 AI/임베디드

단어	뜻	단어	뜻
Activation Function	활성화 함수	K-means	K-평균
Actuator	메커니즘 제어 장치	Micro Controller Unit (MCU)	마이크로 컨트롤러 유닛
Analog to Digital Converter(ADC)	아날로그-디지털 변환 회로	MQTT(Message Queuing Telemetry Transport)	IoT 장치용 경량 메시징 프로토콜
Anomaly Detection	이상치 탐지	Naive Bayes	나이브 베이즈 (확률적 분류기)
Autoencoder	오토인코더 (뉴럴 네트워크)	Natural Language Processing	자연어 처리
Bias	편향	Neural Network	뉴럴 네트워크(신경망)
Clustering	군집화	Overfitting	과적합

단어	뜻	단어	뜻
CoAP(Constrained Application Protocol)	제한된 응용 프로토콜	Pulse Width Modulation(PWM)	펄스 폭 변조
Convolutional Neural Network	합성곱 신경망	Random Forest	랜덤 포레스트(결정 트리 앙상블)
Data Mining	데이터 마이닝 (데이터 추출)	Real-Time Operating System(RTOS)	실시간 운영체제
Decision Tree	의사 결정 트리	Recurrent Neural Network	순환 신경망
Deep Learning	딥러닝(머신 러닝의 일종)	Regression	회귀
Edge Computing	엣지 컴퓨팅	Reinforcement Learning	강화 학습
Epoch	에포크(순방향 및 역방향 패스)	Sensor	센서
Feature Engineering	특징 공학	Serial Peripheral Interface(SPI)	직렬 주변 기기 인터페이스
Firmware	펌웨어	Supervised Learning	지도 학습
GAN(Generative Adversarial Network)	생성적 적대 신경망	Support Vector Machine	서포트 벡터 머신
Gateway	네트워크 연결 장치	Telemetry	원격 데이터 수집
General Purpose Input/ Output(GPIO)	범용 입출력 포트	TensorFlow	텐서플로
Gradient Descent	경사 하강법	Universal Asynchronous Receiver/Transmitter (UART)	범용 비동기 수신기/송신기
Hyperparameter	하이퍼파라미터	Unsupervised Learning	비지도 학습

🔾 계속

단어	뜻	단어	뜻
I2C(Inter-Integrated Circuit)	여러 장치를 연결하는 버스	Variance	분산
Interrupt	인터럽트	Zigbee	무선 통신을 위한 사양
IoT(Internet of Things)	사물 인터넷		

표 A-6 개발자 회의 용어

단어	뜻	단어	뜻
Action Items	실행 항목	Mute/Unmute	음소거/음소거 해제
Agenda	의제	Objectives	목표
All-hands Meeting	전사 미팅	Retrospective Meeting	회고 미팅
Apologies	사과	Scrum	스크럼
Background Noise	배경 소음	Scrum Master	스크럼 마스터
Backlog	백로그, 밀린 업무	Share the Screen	화면 공유하기
Break Up	끊어짐	Show of Hands	손 들기
Clarifications	명확히 하기	Speak Up	목소리 높이기
Code Review Meeting	코드 리뷰 미팅	Sprint	스프린트
Delay	지연	Sprint Planning Meeting	스프린트 계획 미팅
Designate	지정하다	Stand-up Meeting	스탠드업 미팅
Disconnected (=Kicked Out)	연결 끊김	Status Update Meeting	상황 업데이트 미팅
Echo	에코	Switch Over to	전환하기
Facilitator	회의 진행자	Technical Review Meeting	기술 검토 미팅

◑ 계속

단어	뜻	단어	뜻
Follow-up	후속 조치	Time-boxed	시간 제한
Formality	형식	Timekeeper	시간 관리자
Freeze	정지	What to Improve	개선할 점
Kanban	칸반	What Went Well	잘된 점
Kick-off Meeting	킥오프 미팅	Wrap Up	마무리
Minutes	회의록		

표 A-7 수학 영어 단어

단어	뜻	단어	뜻
Absolute value	절댓값	Multiple	배수
Addition	더하기	Multiplication	곱하기
Angle	각도	n-th root of x	x의 n제곱근
ANOVA	분산 분석	Natural number	자연수
Arc	호	Negation	부정
Area	면적	Negative number	음수
Associative Property	결합 법칙	Normal Distribution	정규 분포
Average(Mean)	평균	Numerator	분자
Bias	편향	Odd	홀수
Ceiling	올림	Origin	원점
Chord	현	Outlier	이상치
Circle	원	Parallel	평행, 평행의
Coefficient	계수	Parallelogram	평행 사변형
Common Denominator	공통 분모	Pentagon	오각형

◐ 계속

단어	뜻	단어	뜻
Common divisor	공약수	Percentile	백분위
Common multiple	공배수	Perimeter	둘레
Commutative Property	교환 법칙	Perpendicular	수직, 수직의
Complex number	복소수	Plane	평면
Composite number	합성수	Point	점
Confidence Interval	신뢰 구간	Polynomial	다항식
Congruent	합동	Population	모집단
Consecutive integer	연속하는 정수	Prime factor	소인수
Constant	상수	Prime number	소수
Constant Term	상수항	Probability	확률
Correlation	상관관계	Proper fraction	진분수
Cube	세제곱	Proportional Equation	비례식
Cube root of x	x의 세제곱근	Quadrant	사분면
Data Visualization	데이터 시각화	Quadratic Equation	이차 방정식
Decimal	(십진법의) 소수	Quadratic Formula	근의 공식
Decimal place	소수점 이하 자릿수	Quadrilateral	사각형
Decimal point	소수점	Quotient	몫
Degree	차수	Radius	반지름
Denominator	분모	Range	범위
Descriptive Statistics	기술 통계	Rational number	유리수
Diagonal	대각, 대각의	Real number	실수
Diameter	지름	Rectangle	직사각형

◑ 계속

단어	뜻	단어	뜻
Digit	자릿수	Reduction to common denominator	통분
Distributive Property	분배 법칙	Reduction, Simplification	약분
Dividend	나누어지는 수, 피제수	Reflection	반사
Divisible by	~로 나누어떨어지는	Regression	회귀
Divisible into	~으로 나누어지는	Remainder	나머지
Division	나누기	Rhombus	마름모
Divisor	나누는 수, 제수, 약수	Right Triangle	직각 삼각형
Equation	방정식	Rotation	회전
Equilateral Triangle	정삼각형	Rounding	반올림
Even	짝수	Sample	표본
Exponentiation	지수	Sector	부채꼴
Factor	인수	Similar	닮음
Factorization	인수 분해	Similar Term, Like Term	동류항
Floor	내림	Slope	기울기
Fraction	분수	Square	제곱
Hexagon	육각형	Square	정사각형
Histogram	히스토그램	Square root of x	x의 제곱근
Horizontal	수평, 수평의	Standard Deviation	표준 편차
Hypothesis Testing	가설 검정	Subtraction	빼기
Identity	항등식	Surface Area	표면적
Identity Element	항등원	t-test	t-검정

⊙ 계속

단어	뜻	단어	뜻
Imaginary number	허수	Term	항
Improper fraction	가분수	The greatest common divisor	최대공약수(GCD)
Indivisible by	~로 나누어떨어지지 않는	The least common multiple	최소공배수(LCM)
Inequality, Inequation	부등식	Transformation	변환
Inferential Statistics	추론 통계	Translation	평행 이동
Integer	정수	Triangle	삼각형
Inverse Element	역원	Variable	변수
Irrational number	무리수	Variance	분산
Isosceles Triangle	이등변 삼각형	Vertex	꼭지점
Leg	밑변, 높이	Vertical	수직, 수직의
Line	선	Vertices	꼭지점(복수)
Linear Regression	선형 회귀	Volume	부피
Logistic Regression	로지스틱 회귀	Whole number	범자연수
Median	중앙값	x to the power of n	x의 n제곱
Mixed fraction	대분수	x-axis / y-axis	x축 / y축
Mod	나머지	x, y intercept	x, y 절편
Mode	최빈값	Z-score	Z-점수(표준 점수)
Monomial	단항식		

찾아보기